오늘도 출근하는
엄마를 위한
# 월급 사수 재테크

# 오늘도 출근하는 엄마를 위한 월급 사수 재테크

초판 1쇄 인쇄 2018년 11월 16일   초판 1쇄 발행 2018년 11월 23일

지은이 김혜실
펴낸이 연준혁

출판 2본부 이사 이진영
출판 2분사 분사장 박경순
책임편집 선세영
디자인 필요한 디자인

펴낸곳 (주)위즈덤하우스 미디어그룹 출판등록 2000년 5월 23일 제13-1071호
주소 경기도 고양시 일산동구 정발산로 43-20 센트럴프라자 6층
전화 031)936-4000 팩스 031)903-3893 홈페이지 www.wisdomhouse.co.kr

값 14,800원   ISBN 979-11-6220-986-8 03320

국립중앙도서관 출판예정도서목록(CIP)

오늘도 출근하는 엄마를 위한 월급 사수 재테크 / 지은이:
김혜실. ─ 고양 : 위즈덤하우스 미디어그룹, 2018
    p. ;    cm

ISBN 979-11-6220-986-8 03320 : ₩14800

재테크[財─]
자산 관리[資産管理]

327.04-KDO6
332.024-DDC23                        CIP2018036030

오늘도 출근하는
엄마를 위한

월급 사수
재테크

김혜실 지음

위즈덤하우스

# 차례

**프롤로그** 눈물 반, 오기 반으로 시작한 재테크 … **10**

## 1장
## 워킹맘의 돈 관리, 가치관을 바꾸자

**재테크의 씨앗, 월급은 가능한 사수하자** … **20**
시간 없다고 재테크를 무시하지 마라 · 최대한 치열하게 종잣돈을 모아라

**생활 습관을 바꾸면 돈이 보인다** … **26**
주말엔 모델하우스 나들이를 · 점심시간엔 카페 대신 은행으로 · 돈 버는 얘기로 수다 주제를
바꿔라

**육아도 소비도 결국 '마인드컨트롤'** … **32**
따로 차는 주머니로 줄줄 새는 돈 · 욜로 하다 골로 간다 · 고급진 물건을 싸게 사자

**워라밸? 재테크밸도 중요하다** … **38**
재테크의 기본 원리는 균형이다 · 필요한 보장만 골라 줄줄 새는 보험료를 막아라 · 관리비까
지 줄일 수 있는 부분은 몽땅 줄이자 · 밸런스 있는 투자는 리스크를 줄인다

**새로운 경험을 두려워하지 말자** … **46**
꼼꼼히 파악하면 막연한 두려움은 사라진다 · 모든 취미는 재테크가 될 수 있다

**인생과 투자의 기본은 '타이밍'** … **52**
마켓타이밍을 잡기 위한 공부 · 경기 흐름의 맥 짚는 법 · 막차는 피하자

**슈드비 콤플렉스, 완벽주의를 버려라** … **60**
예측할 수 없다면 명확한 목표를 설정하자 · 실패로 경험을 축적하자

**팔랑귀 대신 나만의 공식을 만들자** … **64**
선별해 듣고 직접 판단하자 · 경험치를 패턴화하자

## 2장
## 우리 집 돈 불리는 부동산 재테크

**집의 목적을 분명히 하자** … 72
부동산 투자는 실패해도 집은 남는다 • 40대 중반까지는 임대수익보다 시세차익

**신규 분양으로 내 집 마련을 시작하자** … 80
신규 분양, 틈새를 노려라 • 1주택+1분양권 카드 • 전매로 분양권을 사자

**기존 주택을 눈여겨보자** … 90
대지지분을 꼭 살피자 • 30살 아파트 보기를 금같이 하라 • 집 살 돈이 부족할 땐 갭투자를 시도해보자

**다주택자로 가는 길** … 96
똘똘한 집 한 채가 최선일 수 있다 • 주택 보유세를 알자 • 임대사업자로 다주택자 되기

**월급 외 수입을 만들자** … 108
소액 투자로 임대수익을 벌자 • 상가 주인이 꿈이라면 상가주택을 노리자

**최대한 비용을 아끼자** … 116
무시 못 할 중개수수료 줄이기 • 취득세는 카드포인트로 • 법무사 비용 아끼는 셀프등기

**'잘테크'의 정석, 경매를 눈여겨보자** … 124
시세보다 싸게 집을 사는 경매 투자 • 포기하기엔 아까운 부동산 경매의 장점들

**경매 서류만 잘 찾아도 한 달 월급을 아낄 수 있다** … 130
경매의 시작은 물건 검색 • 권리분석에 필요한 서류들 • 서류를 바탕으로 현장 조사하기

**권리의 우선순위를 파악하자** … 136
말소기준권리를 알면 내 권리가 보인다 • 대항력과 우선변제권을 살펴야 웃돈을 치르지 않는다

**경매 절차, 간단치 않지만 해낼 수 있다** … 142
경매 절차 한눈에 보기 • 법원 매각기일 그날의 풍경 • 경매의 팔 할은 명도다

**땅도 경매로 사자** … 150
숨겨진 알짜 토지 경매 • 토지 경매에서 검토할 네 가지 문서 • 농부가 아니어도 농지를 낙찰받을 수 있다

**인테리어로 집값을 띄우자** … 158
최소 비용으로 집값 올리는 셀프인테리어 • 무난한 인테리어가 가성비가 좋다

# 3장
# 짬짬이 생활비 버는 주식&채권 투자

### 주식, 시작을 두려워 말자 … 168
주식 투자금이 없다면 · SNS처럼 주식 거래를 하자 · 생활에 지장 없는 수준에서 시작하자

### 주식에도 이벤트 데이가 있다 … 174
국내외 금통위 일정을 체크하자 · 삼성전자 실적으로 증시 분위기를 감지하자 · 주식시장이 요동치는 '네 마녀의 날'

### 주식을 대하는 자세를 바꾸자 … 180
중수익을 추구하자 · 하루 종일 차트를 보지 말고 투자 종목을 줄여라 · 우량주 · 가치주가 답이다

### 기업가치 제대로 판단하자 … 186
주식 투자에서 콩깍지는 금물 · 재무제표로 기본 사항 확인하기 · 투자지표로 기업가치 평가하기

### 차트로 주식의 미래가치를 읽자 … 192
차트의 세 가지 기본 속성 · 봉차트 해석법, 막대기에 모든 것이 있다 · 선으로 매수 · 매도 시점을 파악하자

### 골라 투자하는 재미, 구조화 상품에 주목하자 … 198
주식처럼 거래하는 증권 상품 ETF · ETN · ELW · 파생결합증권 4총사 ELS · ELB · DLS · DLB

### 불필요한 수수료를 줄이자 … 204
주식 거래수수료 줄이기 · 주식 투자에서도 이자를 챙길 수 있다

### 채권 등급을 올리자 … 208
채권은 신용으로 등급이 나뉜다 · 채권 가격은 금리와 반대로 움직인다 · 개인 투자자도 소액으로 직접투자할 수 있다

### 어떤 채권에 투자할까? … 214
나라가 망하지 않는 한 원금이 보장되는 국공채 · 안전하게 수익이 나는 '국주채'

# 4장
# 우리 집 자산을 튼튼하게 펀드&연금 투자

**내가 할 수 없다면 전문가에게 맡기자** … 220
전문 운용 인력에 투자를 맡기자 • 펀드는 분산투자의 정석

**이름부터 클래스까지 세밀하게 살펴보자** … 226
펀드 이름에 모든 게 있다 • 나에게 유리한 클래스를 선택하자 • 투자처를 정하자

**펀드의 외모를 살펴보자** … 232
펀드의 외모를 이루는 네 가지 요소

**내 성향을 파악하자** … 238
오프라인 · 온라인 어디서 살까 • 나의 투자 성향 평가절차 • 증권사 일임형 랩어카운트

**퇴직금을 잘 굴리자** … 244
퇴직연금으로 퇴사 후를 준비하자 • 개인연금, 맞벌이면 소득 적은 쪽으로

**연금 상품 확실한 타깃을 정하자** … 250
장기간 투자하는 만큼 확실한 목표 정하기 • 워킹맘에게 최적화된 타깃데이트펀드

## 5장
## 퇴사와 창업, 스스로 월급을 주기까지

**퇴사 목표를 세워라** ⋯ 258

퇴사의 팔 할은 마음 준비에 달렸다 · 미리 은퇴 시점을 정해둬라 · 준비된 자만이 은퇴를 즐길 수 있다

**미리 배우자** ⋯ 264

워킹맘도 샐러던트가 될 수 있다 · 워킹맘에게 추천하는 자격증

**창업에 대해 제대로 알자** ⋯ 268

창업, 쉽게 봤다가 큰코다친다 · 프랜차이즈는 양날의 칼이다 · 아이디어를 저축해라

**사업성을 철저히 검토하자** ⋯ 274

'얼마가 남는가'가 가장 중요하다 · 좋은 위치 선정 법칙 · 임대료와 권리금 제대로 알기

**적은 비용으로 시작하자** ⋯ 280

워킹맘에 의한, 워킹맘을 위한 창업 · 적은 비용으로 안전하게 공부방 차리기 · 입소문 마케팅의 진가

**스타트업에 늦은 때란 없다** ⋯ 286

스타트업, 나이는 숫자에 불과하다 · 멈출 때를 정하라 · 사장이 되기 전에 꿈을 분명히 하라

**도움이 필요할 땐 당당히 말하자** ⋯ 292

아이디어는 있는데 돈이 없다면 · 확신이 있다면 적극적으로 투자받자


**에필로그** 내 딸이 살아갈 더 나은 세상을 위해 ⋯ 298

# 눈물 반, 오기 반으로 시작한 재테크

### 미생 엄마

몇 년 전 케이블방송에서 인기를 끈 〈미생〉이란 드라마에서 나는 미생 중의 미생으로 그려진 선 차장 캐릭터에 주목하게 됐다. 그야말로 '미생 엄마'를 대표하는 선 차장은 "일하는 엄마는 회사에도, 아이에게도, 아이를 봐주시는 부모님께도 죄인"이라고 말한다. 일하는 엄마인 나는 이 말에 많은 공감을 했다.

세상을 향해 씩씩하게 나아가던 한 여자의 인생은 엄마가 되는 순간 전혀 다르게 변해버린다. 꿈과 가치관, 일상생활과 외모까지도. 하지만 언제까지 주저앉아 울고 있을 수만은 없다. 나 역시 소중한 존재고, 지금까지의 모든 선택이 나 혼자만을 위한 것은 아니었으니까.

## 뻔뻔한 아줌마

그래서 나는 당당해지기로 했다. 좋게 말하면 당당함이지만, 어느 누군가에게는 뻔뻔함으로 비춰질 테다. 하지만 그 역시 개의치 않기로 했다. 하루하루가 전쟁 같은 워킹맘에게 다른 사람의 시선을 신경 쓸 겨를은 없었다.

결혼 전에는 누군가에게 부탁하거나 양해를 구하는 말을 한마디도 하기 싫었고, 흠 하나도 생기는 것이 싫어 남들보다 일을 더해야 직성이 풀렸다. 하지만 지금은 내 의사와는 달리 다른 사람에게 부탁하거나 양해를 구하는 일이 계속 생겨났고, 이제는 어쩔 수 없다고 생각하기로 했다.

## 수다쟁이 아줌마

함께 일하는 사람들과 사적인 이야기를 하는 게 싫었다. 내 이야기 많은 부분에서 아이가 함께 언급될 수밖에 없으니 은연중에 부정적인 인식을 심어줄 거란 걱정 때문이었다. 그렇게 나는 사람들과 벽을 쌓아갔다.

'나는 왕따'라며 무신경한 적도 있었지만 그래 봤자 힘든 건 나뿐이었다. 그래서 사람들과 대화를 조금씩 시작했다. 대화의 주제를 내가 관심 있는 재테크 이야기로 이끌어가다 보니, 나 또한 더 많은 정보를 얻을 수 있었다. 그리고 어느 순간 나의 생각과 고민도 사람들과 나눌 수 있게 됐다. 그렇게 나는 수다쟁이 아줌마가 되어 있었다.

## 치열한 아줌마

일과 가정을 동시에 책임져야 하는 일하는 엄마로서의 삶은 가만히 있어도 치열하다. 때문에 나는 보상 심리로라도 남보다 더 빠르게 더 많이 돈을 모아야 된다는 생각을 하게 됐다. 그렇게 나는 워킹맘의 삶을 시작함과 동시에 재테크에 눈을 떴고 밤낮 없이, 주말 없이 뛰어다니기 시작했다. 노력 없이 얻는 건 없다는 생각에 돈이 있는 곳이라면 어디든 귀를 열고 따라갔다. 그 결과 특히 재테크에 있어서는 '알았지만 하지 않은 것'과 '몰라서 못한 것'은 너무도 큰 차이임을 깨달았다.

# 눈물 바람의 출근,
# 워킹맘은 슈퍼맘이 되어야 한다

+

일하는 엄마들에게 눈물 바람의 출근길은 비일비재하다. 복직 전 선배들의 이야기를 들으면서 '복직이 과연 옳은 선택일까'라는 고민을 거듭했다.

한 선배는 출근 때마다 울고불고 하는 아이를 겨우 떼어놓고 나오면서 정작 지하철에선 마음이 쓰이고 안타까워 눈물을 뚝뚝 흘린 날이 다반사라고 했다. 다른 선배는 복직 후 아이가 분리불안 증세가 심해져 오래도록 변을 제대로 못 봤다고도 했다. 아이가 엄마와 떨어지면서 보이는 주변 반응들은 나를 겁나게 했다.

과연 잘할 수 있을까. 일도 육아도 다 챙길 수 있을까. 아이가 아침에 울지는 않을까. 출근 후에 엄마가 보고 싶다고 찾지는 않을까. 아이가 제대로 적응하지 못하면 어떻게 해야 할까. 일어나지 않은 일들에 대한 걱정이 대부분이었다.

드디어 복직 날 아침. 새벽부터 일어나 씻고 준비하는 나를 누군가 빤히 쳐다봤다. 출근 준비 소리에 깬 걸까. 아이가 평소보다 훨씬 일찍 일어났다.

"괜찮아. 곧 할머니 집으로 가자~" 아이를 안정시킨 후 함께 집을 나섰다. 할머니를 보고는 신난 아이를 보며 안심했다. "엄마 금방 다녀올게. 빠빠이~" 하고 손을 흔드니 아이도 웃으며 손을 흔들어준다. 기뻤다. '그래. 다행이야. 우리 아이는 잘 적응할 거야.

나만 잘하면 돼'라고 생각하며 회사로 발걸음을 옮겼다.

하지만 이상 징후가 하나씩 나타났다. 아이는 첫날 퇴근하고 돌아오는 문소리에 뛰어와서 안아달라고 소리를 질렀다. 손을 씻고 안아줘야겠다는 생각에 바로 안아주지 않고 화장실에 들어간 게 문제의 시작이었다. 엄마만 기다렸는데 안아주지 않아서였을까. 평소 잘 울지도 않던 아이가 오래도록 울음을 그치지 않았다.

그날 이후 퇴근하면 10분 이상 안아주는 절차가 이어졌다. 더러운 손은 나중 문제였다. 어느 정도 안아준 후 내려놨더니 또다시 눈물이 터졌다. 아이가 외로움이 사라질 때까지 아주 충분히 안아줘야 했다. 평소 엄마를 별로 찾지 않던 쿨한 아이가 '엄마 껌딱지'가 되어 있었다.

또 다른 문제가 생겼다. 일찌감치 11~12시간씩 통잠을 자던 아이가 밤에 잠을 안 자기 시작했다. 엄마와 함께 있는 시간이 밤뿐이라서 그런지 잘 시간에도 같이 놀자고 졸랐다. 새벽 두세 시에 2~3시간씩 놀고 자는 생활이 계속됐다. 아이도 엄마와 아빠도 모두 지쳐만 갔다.

육체적으로도 너무 힘들었지만 가장 힘든 건 아이의 마음이었을 거다. '얼마나 엄마와 함께하고 싶으면 저렇게 졸린데도 더 놀자고 조를까' 하는 생각에 마음이 아팠다. 우리 아이는 괜찮다고 생각했는데 아니었나 보다 생각하니 마음이 더 힘들었다.

그런데 그건 시작에 불과했다. 복직 후 더 많은 어려움과 함께 하루하루 나 자신과의 싸움이 계속되고 있다. 나뿐 아니라 모든 일하는 엄마가 하루에도 몇 번씩 고민하고 있을 게 뻔하다.

그렇다면 내가 일을 하는 이유는 뭘까. 일에 대한 애정과 개인적인 만족감 때문일까. 그 역시 중요하지만 솔직히 말하면 돈도 중요한 문제다. 우리 아이가 마음껏 꿈을 펼치며 살 수 있는 넉넉한 환경을 만들어주고 싶은 건 모든 부모의 마음이 아닐까.

# 기회비용과의 싸움,
# 월급과 돌봄비 사이에서

✦

워킹맘이 되는 이유와 워킹맘을 포기하게 되는 이유는 뭘까. 그 선택의 과정에서 '돈'은 큰 변수다.

아이를 맡기고 회사에 출근하는 경우를 생각해보자. 아이를 맡아줄 부모님이 계시다면 그나마 적은 비용이 들 것이다. 지인들의 사례를 보면 사정에 따라 차이는 있지만 부모님이 아이를 맡아주실 경우 월 60~100만 원 정도의 용돈을 수고비 명목으로 드린다. 하지만 베이비시터를 고용할 경우 최소 월 130~200만 원이 필요하다. 여기서 베이비시터의 나이와 국적, 조선족이냐 한국인이냐에 따라 금액이 많이 달라진다.

다소 차이가 있지만 수입이 월 200만 원 정도인 여성은 애를 맡기고 열심히 일해도 금전적으로는 별로 남는 게 없다는 얘기다.

돈도 돈이지만 잘 알지 못하는 사람에게 아이를 맡겨야 하는 데서 오는 불안감 또한 오죽할까. 요즘엔 집에 CCTV를 설치해 실시간으로 아이를 확인한다지만 일을 하다 보면 잠깐 틈내서 한 번씩 체크하는 정도에 불과하다. 일부 나쁜 베이비시터들은 아기를 재우려고 이유식에 수면제를 타서 먹인다고도 하지 않나. 상황이 이런데 누구를 믿고 내 아이를 맡길 수 있을까.

베이비시터에게 아이를 맡긴 친구는 업무 중에도 이어폰을 끼고 실시간으로 CCTV 소리를 확인한다고 했다. 친구는 결국 불안한 마음에 복직 후 한 달이 채 안 돼 퇴사를 결정했다.

어린이집처럼 상대적으로 개방적이고 경제적인 시설을 활용할 수도 있지만, 법적으로 어린이집은 종일반의 경우 오전 7시 30분부터 오후 7시 30분까지 운영한다. 이 정도면 맡기고 출근할 수 있을 법도 하다. 하지만 여러 군데 어린이집 상황을 직접 알아본 결과 오전엔 빨라봐야 8시 30분 등원, 오후에는 오후 6시 하원이 대다수였다. 심지어 대부분의 아이들이 4시에 하원한다고 강조하는 어린이집도 있었다.

부모가 사정을 얘기하고 아이를 일찍 보내고 늦게 데리러 가겠다고 할 수도 있겠지만, 대부분의 부모는 그 길을 택하지 않을 것이다. 혹시나 우리 아이가 선생님들에게 미움을 받지는 않을까 하는 두려움 때문이다. 선생님도 사람인데 자신의 근무시간을 늘리는 아이가 마냥 예쁘진 않을 테니까. 그래서 많은 워킹맘은 등·하원 도우미를 따로 구한다.

워킹맘이 되기로 선택하는 순간, 경제적인 부담과 아이를 두고 출근하는 데 따른 불안감은 떨쳐버릴 수 없는 필수 요소라는 얘기다.

기회비용이 이렇게 큰데 내가 하고 싶은 일을 하겠다고 기어코 일터로 나갈 여성이 얼마나 될까. 경력 단절이 두려워 몇 년만 버티면 상황이 조금은 나아지지 않을까 하는 기대감조차 없다면 이 모든 불안감을 극복할 수 있는 엄마는 많지 않을 것이다.

## 그럼에도 불구하고 일하는 엄마가 되기로 했다면

＋

태어날 때부터 엄마가 아니었듯, 나 또한 태어날 때부터 투자 마인드를 가졌던 것은 아니다. 10여 년 동안 경제 분야 기자생활을 하면서도 재테크에 관심이 없던 나는 결혼하고 아이를 낳고 다시 일을 시작하면서 재테크에 뛰어들기 시작했다.

덕분에 시골의 땅 한 평도 물려받은 재산이 없는 채로 서울 외곽에 있는 30년 된 아파트에서 결혼을 시작했지만, 열심히 모으고 재테크를 한 결과 소형아파트 몇 채를 마련할 수 있었다.

이미 일하는 엄마가 되기로 결정했다면 통장을 스쳐 지나가는 월급일지라도 확실히 잡아둘 필요가 있다. 그 비결이 바로 재테크다.

그동안 잘 모른다는 이유로 재테크를 외면해왔다면 지금부터라도 제대로 공부해보자. 이 책에서 소개하는 다양한 재테크 방법을 알고 나면, 나에게 가장 잘 맞는 쉽고 안전한 재테크를 선택해 실천할 수 있을 것이다.

# 1장

## 워킹맘의 돈 관리,
## 가치관을 바꾸자

# 재테크의 씨앗,
# 월급은 가능한 사수하자

워킹맘의 하루는 너무도 치열하다. 그나마 친정어머니의 도움을 받을 수 있는 나는 상황이 좋은 편이다. 내 일과는 새벽 6시 기상으로 시작한다. 출근 준비를 마치고 아이의 어린이집 준비물을 챙기고, 어린이집 수첩에 선생님께 간단한 편지를 쓴다. 그렇게 7시쯤 자는 아이를 뒤로하고 출근하면 우리 부부의 출근 시간에 맞춰 친정어머니가 집에 오셔서 아이를 돌봐주신다.

때문에 자연스럽게 집도 출근지와는 전혀 무관한 친정 근처다. 직장에 도착하기까지 걸리는 시간은 무려 1시간 20분. 지하철 손잡이에 몸을 실어 잠시나마 쉬어보려고 하지만 쉽지 않다. 옷에 붙어 있는 스티커와 밥풀은 언제 묻은 것인지 도통 알 수 없다.

밥풀을 떼다가 앞에 앉아 있는 승객과 눈이 마주쳤다. '저 원래 이렇게 칠칠맞은 여자 아니에요. 아기 엄마라 정신이 없어서 그래요'라는 호소의 눈빛을 보냈지만, 물론 상대방은 전혀 알아듣지 못한다.

지하철에서 내리자마자 아이가 일어나는 시간에 맞춰 이어폰을 연결해 영상통화를 시작한다. "엄마 회사 잘 다녀올게. 준비 잘하고 어린이집 잘 다녀와"라고 아이를 달래면 아이는 한결같이 말한다. "엄마 오늘 일찍 와."

직장에서만큼은 엄마가 아닌 직장인으로서의 삶을 산다. 아니다. 어쩌면 나만 그렇게 생각하는 것일지도 모르겠다. 다른 사람들은 뭔가 정신없어 보이는 나를 보며 '아, 애 엄마지'라고 단정지어 평가해버릴 수도 있다. 만약 그렇다고 해도 상관없다. 다시 한번 뻔뻔해지기로 한다.

저녁 일정이 없는 평소에는 퇴근 후 곧장 친정집으로 간다. 아이가 어린이집 하원 후 친정집에서 놀다 그곳에서 저녁을 먹기 때문이다. 업무와 퇴근길에 몸은 지칠 대로 지쳤지만 나의 또 다른 일상이 쉴 틈 없이 시작된다. 저녁을 다 먹은 아이의 뒤처리를 한 뒤 집으로 데리고 돌아온다. 집은 엉망이지만 청소는 주말에나 시도할 수 있다. 어질러진 장난감을 그대로 둔 채 아이를 목욕시킨다.

그러고는 엄마와 헤어져 있던 아이의 외로움을 달래주기 위해 함께 놀아주다 잠자기 싫어하는 아이를 억지로 재우기 시작한다. 겨우 잠이 든 아이를 확인하고 시계를 보니 11시다. 조금이라도 책을 읽어보려 했지만 나 또한 그대로 잠이 든다.

# 시간 없다고
# 재테크를 무시하지 마라

✦

나와 달리 친정의 도움조차 받지 못하는 워킹맘은 더욱 바쁘고 치열한 매일이 이어질 수밖에 없다. 나 역시 시간이 없어서 아무것도 할 수 없다고 손을 놓고 있었던 적이 있다. 하지만 엄마라면 있어서는 안 될 일이다.

가끔 너무 힘들 때면 남편에게 투정 부리듯 얘기한다. "나 회사 그만두고 집에서 아이 볼까?" 아이를 갖기 전에는 일이 힘들다고 하면 언제든 그만두라던 남편이었다. 하지만 어느 순간 돌아오는 답은 현실적으로 바뀌었다.

"젊었을 때 바짝 벌어서 종잣돈을 1억 모으면 30년 후에 우리는 5억이 넘는 노후 자금을 가질 수 있어. 육아와 업무로 인한 건강 문제나 엄마와 떨어져 있어야 하는 아이의 외로움을 모르진 않지만 우리가 더 오랜 시간 편안한 삶을 살려면 당신이 조금 더 버티는 게 좋을 것 같아."

이런 현실적인 남편을 봤나. 그만두라고 해서 그만둘 수 있는 내가 아님을 알면서도 그만의 방식으로 나를 웃게 한다. 화를 내도 모자랄 마당에 웃음이 터진 걸 보면 천생연분이다. 이래서 누군가 웃음코드가 맞는 남자와 결혼하라고 했나 보다.

"근데 왜 1억이 5억이 되지?" 웃음 뒤에 그의 과장을 지적한다. 대체 어떻게 투자를 해야 1억이 5억이 된다는 말인가.

그는 계산기를 꺼냈다. 1억을 3% 복리로 계산하면 30년 후 세금을 제외해도 2억 2324만 8,851원이고, 투자로 더 재미를 본다면 연 6%만 반영해도 5억 2490만 9,863원이 나온다는 설명이다.

5억이라는 숫자를 보며 우리 부부는 일도 열심히, 재테크도 열심히 하기로 다시 한번 결심했다.

하지만 내가 버텨낼 자신이 있어도 상황이 안 되는 경우가 많다. 내 의지든 아니든 회사를 그만두게 될 때를 대비해서 벌고 있는 지금 이 순간 재테크를 시작하는 게 중요하다.

## 최대한 치열하게
## 종잣돈을 모아라

✦

그렇다면 어떻게 시작해야 할까? 일단 모으자. 재테크를 하기 전에 총알을 마련해야 한다.

주변을 돌아보면 간혹 '열심히 일한 당신 떠나라'라는 광고 문구처럼 삶을 사는 이들도 있다. 가치의 차이일 수는 있으나 정도의 차이도 분명 존재한다. 삶의 여유를 즐기는 것도 중요하지만 정도껏 해야 하지 않을까. 좀 더 길게 여유로운 삶을 살고 싶다면 모아야 한다.

주변 맞벌이 부부들을 보면 대출을 갚느라 여유가 없다는 이유로 또 딱히 투자할 대상이 없다는 이유로 월급이 들어오면 들어오는 대로, 빠져나가면 나가는 대로 그렇게 계획 없이 통장 잔액만 확인하며 생활하는 경우가 많다.

하지만 생각해보자. 내가 워킹맘 대신 전업맘을 선택했다면 내 월급은 어차피 없는 돈이다. 이 돈이 없어도 우리는 어떻게든 생활했을지도 모르지만, 이 돈을 그대로 적금에 붓는다면 1년 동안 한 사람의 연봉을 모을 수 있게 된다. 연봉이 2000만 원이든 1억 원이든 그 사람에게는 종잣돈이 마련되는 셈이다.

나도 2년 전 복직과 동시에 내 월급을 통째로 적금에 넣기 시작했다. 신혼 초에는 월급에 돈을 더 보태 적금을 들었고, 연봉이 올라가면서 적금 불입액은 더 높아졌다. 이렇게 모으면 생각보다 빠르게 큰 목돈을 만들 수 있다.

다만 1년 치 연봉을 다 넣어야 하는 만큼 적금에서 가장 중요한 건 원금 보장과 안전성이다. 나는 적금을 들 때 시중은행보다는 이율이 높은 저축은행을 선호한다. 저축은행은 시기별로 특판상품을 팔거나 가산금리 혜택을 주기도 한다.

나는 1인당 최대 100만 원까지 추가 가산금리를 주는 상품에도 가입해봤다. 이 경우 가족 명의로 계좌를 더 개설하면 내 월급 전부 추가 가산금리 혜택을 누릴 수 있다. 만약 1인당 4.0%의 고이율을 주는 상품이라면 세 명 명의의 계좌를 개설해 각 100만 원씩 월 300만 원을 적금해 4.0%의 이율을 보장받을 수 있다. 또 최근에는 매월 10만 원씩 지급되는 아동수당을 아이 명의로 적금하려는 부모들을 타깃한 5.5% 수준의 고이율 상품도 나오고 있다.

시중은행이나 저축은행이나 많아야 연 1% 차이인데 얼마나 한다고 귀찮게 그러느냐고 하는 이도 있을지 모른다. 1년에 단 하루, 단 몇 시간만 귀찮으면 연말 나만의 보너스가 20만 원 이상 차이 난다. 소득공제로 13월의 보너스를 받느니 마느니, 연말 인센티브를 받느니 마느니 하는 동안에도 단 몇십만 원이지만 나만의 보너스를 챙길 수 있다. 이렇게 연말 만기이자 60~70만 원과 통장에 든 온전한 1년 치 월급은 스스로를 버티는 든든한 힘이 된다.

1년 단위로 종잣돈이 모이면 이제 투자를 시작할 수 있다. 이 돈을 어떻게 투자할지는 개인의 선택이다.

나는 긴 출퇴근 시간을 활용해 스마트폰으로 각종 정보를 찾아보며 투자에 필요한 공부를 하기 시작했다. 오늘의 경제 뉴스를 꼼꼼히 살펴보고 국내외 경기 동향을 체크하고, 부동산 앱으로 관심 단지와 지역 시세를 확인하고 관련 뉴스를 검색한다. 시간이 충분한 날에는 경매 앱에 들어가 최신 물건을 살펴보기도 한다.

또 직업 특성상 다양한 직군의 사람들을 만나다 보니 사람들과 얘기를 나누면서 미처 알지 못했던 사실을 배우기도 한다. 최근에 한 지인은 태양광 투자에 재미를 보고 있었다. 이렇게 새로운 투자 정보를 얻었다면, 그냥 지나칠 것이 아니라 관련 업체에 연락해 자세한 투자 방법과 기대 수익, 리스크 요인 등의 정보를 얻어 투자가치가 있는지 직접 판단해보는 것이 정보 축적의 기본이다.

지금 당장 주식이나 부동산 투자를 하지 않는다고 멀리하지 말라는 거다. 각자 처한 환경에 따라 시간을 확보하고 정보를 모아라.

# 생활 습관을 바꾸면
# 돈이 보인다

직장인들에게 주말은 희망이다. 주말을 손꼽아 기다리며 월화수목금을 버텨내는 건 아닐까. 시체가 되어 밀린 잠을 몰아 자며 피로를 풀 수 있는 시간. 바로 주말의 존재 이유다.

주말 아침 파란 하늘에는 잠자리 떼가 날아다니고 연둣빛 나뭇잎 틈 사이로 한 줄기 햇살이 들어온다. 꿀맛 같이 달콤한 단잠을 즐기는데, 내가 마구 흔들린다. 지진이 일어났나. "엄마 엄마" 알 수 없는 힘이 나를 뒤흔든다.

아차 꿈이었다. 옆엔 엄마를 부르며 나를 깨우는 예쁜 딸이 있었다. 아이를 낳기 전에는 평일에 쌓인 업무로 주말 내내 잠을 자도 피곤이 가시질 않았다. 주말이면 세상모르고 잠만 잘 정도로 잠이 많은 사람이었다. 어느 날은 오후 2시가 되어서도 꿈쩍 않고 자는 내가 무서워 남편이 흔들어 깨운 적이 있을 정도다. 하지만 지금은 몇 년째 주말에 제대로 된 잠을 못 자고 있는데도 이렇게 버텨내는 나 스스로가 대견하기도 안쓰럽기도 하다.

그래, 지금 주말의 존재 이유는 잠이 아니라 예쁜 내 딸이었지. 이렇게 마음을 다잡으며 주말에도 어김없이 이른 아침을 맞는다. 눈을 뜨고도 몸이 움직여지지 않는 엄마에게 "배고파. 엄마 밥 주세요"라며 쐐기를 박는다. 일어나자.

아침밥을 차려주고 널브러진 밥풀떼기와 엎질러진 국물을 치우고 또 아이 목욕을 시켰는데도 아직 8시다. 세상에나! 하루가 너무 길다. 이대로 집에 있는 건 가혹하다. 어디라도 나가야 한다. '오늘은 또 어딜 가지?' 아이 엄마 아빠의 매주 고민거리가 시작된다.

남편이 아이와 뒹굴며 아이에게 묻는다. "엄마 아빠랑 어디 놀러 가고 싶어? 다른 집에 놀러 갈까?" 어딘지도 모른 채 그저 놀러 간다니 아이는 좋다고 소리친다. 남편은 목적 달성을 위해 다시 한 번 묻는다. "우리 새집 구경하러 갈까. 예쁜 집?" 아이의 환호성과 함께 우리는 집을 나선다.

# 주말엔
# 모델하우스 나들이를

✦

우리 가족의 주말 나들이 장소는 모델하우스, 이른바 '모하'다. 토요일은 대부분 아파트 분양 모델하우스나 관심 지역 부동산을 살펴본다. 관심 지역 부동산 물건들을 탐색한 후 그 지역 공원이나 관광지, 맛집 등을 찾아가는 게 우리 가족의 주말 일상이다.

아이가 24개월 미만이라면 대부분의 모델하우스에 줄을 서지 않고 들어갈 수 있는 작은 호사도 누릴 수 있다. 몇 시간씩 줄을 서야만 모델하우스에 들어갈 수 있는 요즘 같을 땐 엄청난 혜택이다. 최근에는 아이를 동반한 고객을 위해 유아 놀이방도 작게나마 마련하고 풍선과 주스를 나눠주는 소소한 이벤트도 모델하우스에서 진행한다.

신규 분양이 없는 주말은 기존 주택을 탐방한다. 관심 지역 공인중개사 사무실에 들어가 궁금한 걸 묻기도 하고, 동네 분위기를 살피기도 한다. 기회가 되면 매물로 나온 물건을 보기도 한다.

아이가 있어 재테크에 관심을 둘 시간이 없다는 말은 핑계다. 단순히 아이를 끌고 다니는 게 아니라 얼마든지 함께 걷고 보고 대화하며 시간을 보낼 수 있다. 아쉽다면 근처 가볼 만한 곳에 들러 아이가 원하는 만큼 충분히 놀아주면 된다. 아이에겐 집 근처 매일 가는 놀이터, 마트가 아니라 더 다양한 지역에 놀러 다닐 기회가 될 수도 있다.

# 점심시간엔
# 카페 대신 은행으로

+

평일도 마찬가지다. 워킹맘에게 재테크를 공부할 시간이 어디 있냐는 질문이 많은데 그야말로 '틈틈이' 해야 한다. 점심시간도 좋고, 여유 시간이 생긴다면 증권사나 은행 지점에 들러라.

고액 자산가만 영업점에서 자산관리를 받고, 상담할 수 있다는 고정관념을 버려야 한다. 설령 그렇다 한들 그들이 내 자산이 얼마인지 어떻게 알겠는가.

"여윳돈이 있는데 뭘 하면 좋을지 몰라서 상담 좀 받으려고요"라는 한마디로도 나는 VIP가 된다. 꼭 정확한 자산을 공개할 필요는 없다. 만약 자산 규모를 물어본다면 "다른 데 흩어져 있는 돈들이 있어서 괜찮은 상품이 있으면 끌어모아서 투자해보려고요"라고 둘러대는 것도 주눅 들지 않고 상담을 받는 팁이다. 그들을 속이는 게 아니라 잠재적인 고객을 마주할 기회를 준 것으로 생각하자.

운이 좋으면 지점장과 직접 마주할 때도 있다. 그러면 적게는 20년, 많게는 30년 동안 쌓아온 각종 노하우와 정보를 들을 수 있다. 가끔은 해당 지점 VIP를 대상으로만 판매하는 금융상품을 추천받는 기회도 잡을 수 있다.

각종 정보를 얻어 봐야 돈이 없으면 소용없다고 생각하면 안 된다. 나에게 맞춰 투자 조언을 적용하면 된다. 만약 부동산 60%, 채권 30%, 주식 10%의 비중으로 투자를 조언해줬고, 그 전략이 나에게 맞는다고 판단하면 1000만 원으로도 얼마든지 투자할 수 있다. 600만 원은 부동산 관련 펀드에, 300만 원은 채권 상품에, 100만 원은 주식에 투자하는 식이다. 알고 보면 돈이 없어서가 아니라 내 마음가짐 때문에 위축되는 경우가 많다.

## 돈 버는 얘기로
## 수다 주제를 바꿔라

✦

그렇다고 꼭 전문가만 찾을 필요는 없다. 누구를 만나든 대화의 주제를 재테크로 이끌어보자.

돈에 관심 없는 사람은 없다. 모두 각자의 상황에 맞게 재테크를 하고 있을 것이다. 또 본인은 실행에 옮기지 못했지만 알고 있는 정보를 전해줄 수도 있다.

나는 만나는 사람들에게 재테크는 어떻게 하고 있는지 물어볼 때가 많다. 가볍게 던진 질문이지만 조금만 대화가 오가면 심도 있는 수준의 이야기를 할 수 있다. 대화하다 보면 A는 주식, B는 펀드, C는 부동산에 주로 투자한다는 사실을 알게 된다. 주식에 투자할 땐 A에게, 펀드 투자는 B에게, 부동산을 살 땐 C의 조언을 들을 수 있다는 얘기다.

인맥이 꼭 대단한 출세를 위해서만 필요한 것이겠나. 실생활에서 정보를 공유하고 조언을 구할 수 있다면 이 역시 훌륭한 인맥 활용이 아닐까. 주변 사람들과 육아와 재테크 노하우를 함께 공유할 수 있다면 워킹맘에겐 가장 좋은 정보 활용법이 될 수 있다.

# 육아도 소비도 결국
# '마인드컨트롤'

잠시 쉴 새도 조용할 틈도 없는 워킹맘의 일상이지만 외톨이라고 느껴질 때가 많다. 온종일 움직이고 떠들고는 있지만 그 누구도 온전한 내 편은 없는 느낌이랄까.

미혼인 친구들은 나를 보며 늘 얘기한다. "남편도 있고 자식도 있고 좋은 직장도 있고… 너는 정말 다 가졌네. 부럽다." 나는 그런 소리에 잠시 할 말을 잃지만 끝내 참지 못하고 말한다. "그래 난 다 가졌다. 근데 나는 내가 없어."

내가 다 가졌다고 믿는 그들도 온전한 나의 편일 리 없다. 남편에게 나의 진짜 속마음을 이러쿵저러쿵 도란도란 얘기해본 것이 언제인가. 주말에야 얼굴을 제대로 보지만 아이와 정신없이 시간을 보내다 보면 둘만의 대화가 오가긴 어렵다. 예쁜 내 딸은 자기할 말만 옹알옹알할 뿐 엄마가 무슨 말을 하든 관심 없다.

친정어머니를 대하기도 마냥 편하지 않다. 예전에 아이가 없었을 때는 힘든 일, 고민되는 일 모두 스스럼없이 털어놨던 것 같은데 나 때문에 힘든 엄마 앞에서 나 힘들다 얘기해봐야 앓는 소리만 될 뿐이다.

임신과 출산을 겪으면서 소원해진 친구들에게 느닷없이 연락해 '나 힘들어' 하기도 염치 없다. 회사 동료들에게는 그들과 다른 내 생활을 미주알고주알 알리고 싶지 않고, 동네 전업맘 그룹에는 워킹맘이라 낄 틈이 없으니 대나무 숲을 찾아야 할 판이다.

행복하다가도 문득 우울해진다는 엄마들의 마음을 100% 공감한다. 하루가 다르게 변하는 몸과 엄마가 돼야 한다는 부담감에 생기는 임신우울증, 아이를 낳은 후 체력 저하와 급격히 달라지는 생활 패턴으로 생기는 산후우울증 모두 전혀 없었던 '씩씩맘'이었지만 복직 후 나에게도 우울증이 문득문득 찾아왔다.

어느 육아서에서 본 "엄마가 된 나는 행복하지만 또 다른 나는 슬퍼하고 있어"라는 말에 폭풍 공감한 적이 있다. 나는 그들이 있어 세상 그 누구보다 행복한데 왜 슬프기도 한 것일까. 육아에 고도의 마인드컨트롤이 필요한 이유일 것이다.

# 따로 차는 주머니로
# 줄줄 새는 돈

✦

육아에서 엄마의 마인드컨트롤이 가장 중요한 것처럼 소비에서도 마인드컨트롤이 핵심이다. 함께 맞벌이하고 특별히 쓰는 데도 없는데 돈이 모이지 않는다는 부부가 많다. 쓰지 않은 돈이 대체 어디로 갔다는 말인가. 이런 생각은 대부분 그들이 인지하지 못하는 소비 패턴에서 비롯된다.

언제부터인가 결혼을 해도 부부가 통장을 각자 관리하는 사례가 많아졌다. 내 주변에서도 부부가 서로 통장을 공개하지 않고 각자 관리하면서 남편은 대출금을, 아내는 생활비와 교육비를 지출하는 식으로 분담을 하는 경우를 많이 본다.

내겐 익숙한 풍경이 있다. 레스토랑 옆 테이블에 한 가족이 오늘 밥값을 누가 내느냐로 설전을 벌인다. 결국 어떠한 이유에서인지 남편이 식사비를 내기로 하자 아내는 고가의 메뉴를 주문하기 시작한다. "당신이 내는 날이니 비싼 거로 실컷 먹어야지."

어느 날은 친구가 화가 잔뜩 나서 불만을 쏟아낸다. "내 남편이 캠핑용품을 크게 질렀어. 이 남자는 뭐 하나 꽂히면 꼭 풀세트로 장만해. 자기만 돈을 펑펑 쓰고. 안 되겠어. 나도 이번에는 명품 가방을 하나 질러야겠어. 복수해야지."

왜 소비를 경쟁적으로 하게 된 것일까. 바로 따로 차는 주머니의 함정이다.

# 욜로 하다
# 골로 간다

✦

최근 '한 번뿐인 인생을 즐기자(You Only Live Once)'를 의미하는 '욜로(YOLO)'가 삶의 트렌드로 자리 잡고 있다. 미래보다는 현재에 충실하면서 원하는 소비를 마음껏 즐기는 욜로족도 많이 생겼다.

나는 욜로족을 절대 비난하지 않는다. 나와 다른 가치관을 가진 사람일 뿐이다. 다만 욜로를 외치면서 재테크도 하겠다고 어느 하나 포기하지 못하는 양다리족을 보면 다소 답답한 마음이 든다.

대출에 허덕이면서 매년 연휴 때마다 해외여행을 다니는 가족들도 주변에 많다. '신혼이라 아이가 없을 때는 지금뿐이야', '아이가 생겼으니 태교 여행을 갈 거야', '아이가 더 크기 전에 많이 놀러 다녀야지. 이 순간은 지금뿐이니까'… 이러다 보면 현재를 즐겨야 하는 이유는 너무 많고, 모든 순간이 떠나야 할 때가 된다.

또 다른 친구는 말한다. "이번에 나를 위해 선물했어. 애 키우랴 일하랴 나에 대한 투자가 너무 없었어. 스스로 힘내라고 격려하는 선물이지"라면서 새로 산 코트를 자랑한다. 나는 "너의 지친 몸과 마음을 모두 치유해줄 수 있다면 정말 최고의 선물이지"라고 박수를 보냈지만 속으로는 '친구야, 너에게 재테크는 어려운 일이겠구나' 하고 되뇐다.

나는 그들에게 말한다. 재테크에 관심 없다면, 늘 현재에 충실하겠다면 '노 프라블럼(No problem)'이라고.

# 고급진 물건을
# 싸게 사자

✦

"나에게 쓰는 돈은 이제 줄일 수 있어요. 그런데 아이에게만큼은 좋은 걸 사주고 싶어요." 기억도 못 할 아이에게 수백만 원짜리 유모차를 사주고, 한철 입는 아이 옷에 수십만 원을 쓰는 정신 나간 엄마들이 많다고 생각한 적이 있다. 그런데 아이를 낳아보니 이해가 된다. 나도 아이 옷이 충분히 많은데도 예쁜 옷을 보면 지나칠 수가 없다.

특히 나 같이 일하는 엄마는 '엄마와 함께 하는 시간도 적고 해줄 수 있는 것도 많지 않은데 물질적으로라도 풍족하게 해주자'라는 심정으로 아이를 위한 소비를 합리화하는 과정을 거친다.

엄마의 마음이 그렇다면 사줘라. 내 아이가 좋은 옷을 입고, 좋은 유모차를 타고, 좋은 장난감을 가지고 놀게 해주자. 대신 고급진 물건을 싸게 사주자. 대체 어떻게 비싼 물건을 싸게 살까. 여기에 필요한 건 엄마의 정보력과 발품이다. 백화점에 입점하는 유아동 브랜드도 시즌이 지난 제품들을 정기적으로 창고 개방을 통해 60~90%까지 저렴하게 판매한다.

내가 애용하는 백화점 브랜드의 경우 거의 1~2주에 한 번씩 계절상품별로 창고 정리를 한다. M, A, B 등의 백화점 브랜드를 여러 개 가지고 있는 S 사가 대표적인 경우다. 대표번호로 전화를 하면 행사 일정을 친절히 알려주고, 해당일 본사 지하에 가면 행사 물품이 박스째 가득하다. 간혹 여기서 물건을 떼다 온라인으로 파는 업자들도 있다. 그들에게 수수료를 조금 주고 사도 남는 장사다.

H 사의 경우 자사 브랜드와 수입 브랜드를 통틀어 재고 상품을 1년에 한 번씩 정리한다. 1년에 한 번하는 행사다 보니 장소도 넓고 물품도 사람도 상상 초월이다. 휴직 중에 뭣 모르고 혼자 갔다 계산하는 데만 2시간이 걸린 기억이 있다. 다른 베테랑 엄마들은 두세 명이 조를 짜서 도착하자마자 한 명이 계산 줄을 서고 다른 엄마들이 물건을 골라와 한꺼번에 계산하는 내공을 보이더라.

가끔 가계 부담을 덜기 위해 반차를 내고 직접 아기 옷을 사러 오는 남편들도 눈에 띈다. 아내가 돈을 아껴보겠다고 박스를 뒤지는 수고로움을 눈을 뜨고 볼 수 없어 직접 나서는 남편을 두지 않았다면 본사까지 가서 대량의 물건을 쟁여 짊어지고 와야 하는 건 엄마 몫이다.

각 지역의 맘카페에 가입해 각종 세일 정보를 수집하는 노력도 필요하다. 내가 100의 정보를 수집할 수 없다면 엄마들의 도움을 받을 수 있다. 맘카페에서 세일 정보는 물론 아이 교육부터 육아까지 각종 정보를 공유할 수 있으니 정보 수집 시간이 부족한 워킹맘에게 유용하다.

이 모든 것을 아줌마 근성이라고 욕하는 누군가가 있을지도 모르겠다. 하지만 어쩌겠나. 나는 아줌마인 것을…. 우선은 엄마로서 마음을 컨트롤하고, 그래도 필요하다면 당당히 아줌마 근성을 보여주자.

# 워라밸?
# 재테크밸도 중요하다

어느 날 〈싱글와이프〉라는 TV 프로그램을 보았다. 혼자만의 시간을 갖기 어려운 엄마가 여행을 떠나 일탈을 꿈꾸는 프로그램이다. 그날 방송에선 개그맨 박명수 씨의 부인이 결혼 후 가장 힘든 점에 대해 "일하는 엄마로서 완벽하게 아이를 보살펴주지 못하는 게 힘들다. 일을 하지 않았더라면 아이와 더 많이 대화하고 공부도 챙겨주고 했을 텐데"라고 말하는 장면이 있었다.

공감했다. 워킹맘과 아이 사이에는 퇴근 후 얼마 안 되는 시간만이 허락될 뿐이다. 직장 분위기에 따라 다르지만 야근이나 당직, 회식 등으로 그 시간조차 보장받지 못하는 경우도 비일비재하다.

최근 사회적으로 '일과 삶의 균형(Work and Life Balance)'을 뜻하는 '워라밸'이 화두다. 나는 직업 특성상 24시간 긴장을 해야 하지만, 스스로 워라밸을 실천하자고 결심했다.

일찌감치 일을 마치고 집으로 돌아온 어느 날이었다. 아이 잠을 재우는 와중에 휴대 전화가 울려대기 시작했다. 하필이면 그날 중요한 일이 터지고 말았다. 기업이 내가 작성한 기사를 뒤엎는 내용을 새로 발표한 것이다. 팀 당직자가 있었지만 어쨌든 내 일이었다. 내 일을 당직자인 후배 탓으로 돌리기 싫었다. 결국 시말서를 쓰는 것으로 사건을 마무리했다.

그런데 내가 일을 처리하며 내버려둔 사이 아이가 침대에서 떨어지고 말았다. 우는 아이를 부둥켜안고 나도 같이 울었다. 왜 울었을까. 그때 내 눈물의 의미는 복합적이었다. 먼저 아이에게 너무 미안했다. 내가 충분히 돌봐주지 못해 아이가 힘들어하고 다친 것 같아 미안했다. 두 번째는 나름 열심히 한다고 했는데 내 커리어에 스크래치가 난 것 같아 억울하고 창피했다. 그리고 이 실수가 왠지 시작에 불과할 것 같아서 불안했다.

나는 분명 앞으로도 아이를 돌봐야 하는 시간이 필요하고, 그 사이 오늘과 같은 실수가 또 일어날 가능성이 높다. 일과 가정의 밸런스는 내가 노력한다고 잡히는 것도, 누군가 도와준다고 할 수 있는 것도 아니라는 걸 깨달았다.

동료들은 내게 운이 나빴을 뿐이라고, 별일 아니라고 위로했지만 내 자존심은 그 위로조차 받아들이기 힘들었다. 그날 밤 결국 남편과 상의 끝에 퇴사를 결정했다. 근데 그만두기로 한 마당에 왜 다음 날 중요한 출입처 약속이 걸리는지…. 그 약속은 지켜야겠다고 생각하며 출근했고 또 그렇게 몇 주가, 몇 달이 지났다.

# 재테크의 기본 원리는
# 균형이다

✦

밸런스를 잡는 일이란 모든 일에 있어 필요하나 쉽지 않은 일이다. 재테크에서도 마찬가지다. 재테크에서 밸런스는 고정비용과 투자비용 간에도 필요하고, 투자 대상들 간에도 필수적이다.

보험과 세금, 주거비, 생활비, 교육비 등 월마다 고정적으로 나가야 하는 비용이 있는데 해당 항목을 얼마나 잘 분배하느냐가 자금통제의 핵심이 될 수 있다. 월급이 들어오지만 통장을 스쳐 지나갈 뿐 남는 게 없다는 직장인들은 고정비용 통제가 잘되지 않는 경우가 많다.

주변을 살펴보면 가계지출 중에서 아이의 사교육비가 가장 큰 비중을 차지하는 가정이 대부분이다.

내 지인은 아이의 교육을 위해 강남 아파트로 이사 가서 월세 200만 원을 내고, 대치동 학원비로만 월 150~200만 원을 쓴다고 한다. 소비보다 지출이 많으니 마이너스통장으로 겨우겨우 가정 살림을 꾸려나가는 모양새다.

옳고 그름을 논할 수 없지만 뱁새가 황새 따라가려다 다리 찢어질까 지켜보는 것만으로도 불안하다. 내 허용치 안에서 가치관에 따라 비용의 비중을 결정하는 게 맞지 않을까.

재테크의 기본은 '균형'에 있음을 명심하자. 균형을 유지해야 돈이 모인다.

# 필요한 보장만 골라
# 줄줄 새는 보험료를 막아라

✦

또 많은 가정에서 큰 비중을 차지하는 고정비용 중 하나가 보험이다. 보험설계사가 추천하는 대로 보험에 들기보단 나에게 정말 필요한 보장만 골라서 계약하는 것이 좋다.

아이가 생기고 태아보험에 가입하려고 알아보니 대부분의 설계사가 최대한의 보장을 넣어 한 달 10만 원 가량의 보험료를 책정해줬다. 치아보험까지 전부 들어간 보험이었다. 돈 부담 때문에 치아보험이 많이 생기고 있지만, 내 기준과 판단으로는 언제 발생할지 모르는 치료를 위해 월 몇만 원을 추가 납부하는 게 비효율적으로 느껴졌다. 만약 언젠가 치과 치료비가 백만 원을 넘더라도 내가 감당할 수 있는 비용이라고 판단했기 때문이다.

보통 보험에는 보통약관과 특별약관이 혼합되어 있는데 특별약관, 특약 부분을 잘 살펴보는 게 보험료 줄이기의 핵심이다. 예를 들어 자동차보험에 가입할 때 자동차 사고로 인한 대인배상, 자기차량손해, 자기신체사고 등의 보통약관이 있다. 또 블랙박스 특약, 주행거리 특약, 자녀할인 특약, 사고처리비용지원 특약 등 특별약관도 있다. 운전자보험이 있는데도 자동차보험에서 무심코 사고처리비용지원 특약에 가입한다면 중복으로 보험료를 내고 있을 수 있다는 얘기다. 자신의 성향과 담보 내역 등을 꼼꼼히 살펴보는 것만으로도 새는 비용을 줄일 수 있다.

또 때로는 화재로부터 재산을 지키기 위해 주택화재보험을 가입하는 경우가 있는데, 담보 내역을 살펴보면 저축성보험 또는 운전자보험을 주담보로 하고 특약 형식으로 주택화재담보를 추가해 내가 가입하려던 보험료보다 과한 보험료로 가입을 유도하는 사례도 있으니 소비자가 철저히 비교해 가입해야 한다.

사람들은 대부분 보험 회사별로 책정된 보험료와 보장을 검토하고 그중에서 선택한다. 고객 스스로 보장을 넣고 뺄 수 있는 것을 모르기 때문에 설계사의 추천대로 계약을 진행할 수밖에 없다. 잘 모르겠다면 '이런 사고가 난다면 혹은 이런 질병이 생긴다면 경제적으로 감당하기 힘들까' 하고 한번 생각해보고 경제적 타격이 클 부분에 대해서만 보장 장치를 마련하는 것이 현명하다.

나에게 진짜 필요한 보장을 잘 담는 것이 보험 비용 줄이기의 핵심이다.


## 관리비까지 줄일 수 있는 부분은 몽땅 줄이자

✦

'아껴봐야 얼마나 된다고 신경 쓰냐'는 사람도 있다. 하지만 '티끌 모아 태산'이 괜히 있는 말인가. 관리비와 같은 고정비용도 줄일 수 있다. 일례로 여름 전기세에 따라 연간 관리비 차이가 몇만 원에서 몇십만 원까지 발생한다. 전기계량기를 확인해 누진세 구간만 넘기지 않으면 한여름에 에어컨을 쾌적하게 틀어도 3만 원 정도의 전기세만 내면 된다. 여름에는 열을 차단하고 겨울에는 외풍을 차단하기 위해 암막 커튼과 창문 뽁뽁이를 활용하는 것도 전기와 가스비를 절약하는 작은 실천이다.

생활비도 인터넷과 마트 쇼핑을 적절히 병행하면 상당 부분 줄일 수 있다. 우리 부부는 마트에 가도 인터넷으로 검색해 온라인이 더 싸다면 온라인 앱 장바구니에 담고, 더 싸거나 크게 가격 차이가 없는 제품만 카트에 담는다. 카드 할인부터 구매 금액에 따른 할인, 미끼 할인 상품 방출까지 다양한 온라인몰 마케팅 행사도 적극적으로 이용하자.

다만 귀찮아서 그냥 사겠다면 말리지 않겠다. 재테크의 가장 큰 적은 '귀차니즘'이니까.


## 밸런스 있는 투자는 리스크를 줄인다

✦

어느 한쪽으로 너무 치우쳐 있으면 위험 분산이 되지 않는다. 이익이 날 때는 더 큰 이익을 볼 수 있지만 위험한 상황이 발생하면 손해를 감당하기 어렵다.

부동산과 주식, 펀드, 예금, 실물 상품 등에 투자자금을 분배하는 전략도 필요하다. 내 입사 동기는 일한 지 10년이 다 되도록 모은 돈이 하나도 없다고 했다. 나와 같이 벌었는데 대체 그 돈이 다 어디로 갔다는 걸까. 알고 보니 월급을 받는 대로 주식에 올인하고 있었다.

하나의 투자 대상에 올인하면 리스크 요인이 발생했을 때 걷잡을 수 없는 상황으로 치닫는 경우가 많다. 1981년 노벨 경제학상을 받은 제임스 토빈이 "달걀을 한 바구니에 담지 마라"는 유명한 말을 남기지 않았던가.

그의 포트폴리오 이론은 주식 투자에 있어 여러 종목에 분산투자함으로써 한 종목에서 입은 손해를 다른 종목이 보완해 리스크를 줄이고 수익률을 유지하는 원리다. 이를 재테크 전체에 적용하면 투자자산별 리스크 관리가 가능해진다.

일반적으로 경기가 좋아질 때는 주식과 펀드, 실물 투자 등이 주목받는다. 반대로 경기가 좋지 않을 땐 채권과 금, 달러 등 안전자산이 뜬다. 경기 흐름에 따라 비중을 조절하되 분산투자를 통해 예측하지 못한 상황에 대비할 필요가 있다.

간혹 "부동산은 절대 떨어질 리 없어"라며 부동산에 전 재산을 투자하거나 "내가 산 주식은 지금 바닥이야. 오를 일만 남았어"라고 확신하며 과감히 주식에 몰방하는 사람이 있다. 또 부동산에 투자할 때 한 지역에 여러 채를 사거나, 주식을 하더라도 한 종목에 모든 투자금을 넣는 경우도 대표적인 몰방 투자라고 볼 수 있다.

물론 분산투자를 했다가 하나가 잘되면 억울할 때도 있다. 100만 원을 넣은 주식 가격이 두 배가 되었을 때 '1000만 원을 넣었더라면 또 1억을 넣었더라면…' 후회가 막심하다. 하지만 어디까지나 잘 됐을 경우다. 신이 아닌 이상 알 수 없는 불확실한 요인이 있을 수밖에 없다. 그 무엇에 관해서도 미래에 대한 확신은 금물이다.

# 새로운 경험을
# 두려워하지 말자

엄마가 아니면 안 되는 일들이 간혹 생긴다. 최근 들어 어린이집에서도 열린 교육을 강조하며 부모 참여 수업이나 각종 부모 강의 등이 활발히 열리고 있다.

부모 교육은 꼭 참석해야 하는데 재능 기부 수업과 텃밭 가꾸기, 견학 동행, 산책 도우미, 급식 검수 등 종류도 다양하다. 취지는 좋지만 일하는 엄마에게는 골칫거리다.

주말에 진행하는 필참 교육 강의는 더 빼도 박도 못한다. 토요일 오전부터 강의에 출석하기 위해 집을 나선다. 강의명도 '좋은 부모가 되는 법'이다. '좋은 부모가 되는 법을 몰라서 안 하나, 알면서도 못하는 거지…'라고 투덜대며 맨 뒷 구석에 자리를 잡는다.

그런데 무심코 듣다 아차 하는 순간이 있었다. "부모의 기준으로만 판단해서 아이의 행동을 지적하거나 바로 잡아주지 마세요.

아이를 위축시키고 사고를 제한할 수 있습니다."

강사의 말대로라면 왼손으로 숟가락질을 하는 아이에게 오른손으로 위치를 바로잡아 준다든가, 풀 위에 색종이를 문지르는 아이에게 색종이는 바닥에 두고 풀을 문지르는 거라고 가르치는 것 모두 부모의 잘못된 행동이다.

부모들은 우리가 맞다고 생각하는 틀 안에 아이를 넣으려고 했던 거다. 정답은 없는데, 우리가 좀 더 편하다고 생각하는 방식만 아이에게 강요한 건 아닐까.

아이가 직접 이런 방식, 저런 방식을 모두 경험해보고 본인에게 가장 편한 방법을 깨우치면 될 텐데 우리는 아이들에게 시간을 주지 않았던 거다. 나의 투정이 또 하나의 깨달음으로 바뀌는 순간이었다.

'엄마가 미안해. 엄마가 여유가 없어서 너에게 충분한 시간을 주지 못했어. 네가 마음껏 많은 것을 경험할 수 있도록 앞으로 도와줄게.'

## 꼼꼼히 파악하면
## 막연한 두려움은 사라진다

✦

어른이 될수록 겁이 많아진다. 사실 출산할 때만 해도 이제 세상에 무서울 건 없을 줄 알았다. 죽다 살아났는데 무서울 것이 뭐가 있으랴.

그런데 왜 그런지 나를 포함한 엄마들은 오히려 더 겁이 많아지더라. 잃을 것이 점점 많아져서일까. 재테크를 할 때도 손실이 나는 건 하면 안 될 것 같고, 경험하지 못한 투자 대상은 접근조차 두려운 마음이 든다. 나뿐 아니라 우리 아이, 우리 가정을 지켜야 한다는 책임감 때문일 거다.

경제 매체 기자라는 이유 때문인지 주변에서 많이 묻는다. "재테크는 어떤 걸 해야 합니까", "주식을 하면 돈을 진짜 많이 버나요", "펀드는 어떤 상품을 들어야 돼죠", "채권은 어떻게 사나요" 등등 질문의 종류도 다양하다.

나로서는 단편적인 답변을 할 수밖에 없지만 사실 그조차 직접 실행에 옮기는 사람은 드물다.

친구 요즘 주식이 뜬다는데 나도 이제라도 해볼까 봐.
나 무리하지는 말고 공부한다 생각하고 소액만 해봐.
친구 근데 주식은 어디서 어떻게 사?
나 증권사에 기서 계좌를 만들고 트레이딩 프로그램을 이용하면 돼.

모바일 앱에서 비대면계좌를 만들어도 되고.

친구 너무 어려운 거 아니야? 프로그램도 복잡한데… 못 하겠다.

해보지도 않고 막연히 어려워서 못 하겠다는 사람도 많다. 주식뿐 아니라 모든 투자 대상이 마찬가지다. 누군가는 어딘가에 투자해야 할 이유가 너무 많은 반면 또 다른 누군가에겐 투자하지 못할 이유가 많다.

겁이 많아지는 이유는 내가 가진 것을 잃을 수도 있다는 두려움 때문이다. 그렇다면 철저히 파악하고 투자하는 것만이 답이다.

친구 나 펀드 들었어. 잘한 거야?

나 어떤 펀드인데?

친구 몰라. 주식 펀드래.

나 펀드 이름 몰라? 그럼 어느 운용사 꺼야?

친구 ○○은행….

펀드를 운용하는 운용 회사를 물었는데 펀드 상품에 가입한 은행을 답한다. 내 돈을 넣은 펀드를 누가 어떻게 어디에 투자하는지도 모른 채 무작정 은행원의 추천만 듣고 덜컥 가입하고선 잘한거냐고 묻곤 한다.

이 친구의 무지함에 대한 비판은 아니다. 특별히 관심이 없으면 금융 투자상품을 이해하는 건 쉽지 않기 때문이다.

다만 내가 이미 가입하기로 했다면 적어도 내 돈이 들어가는 상품이 어떤 상품인지는 알아야 투자 비중과 함께 환매 시점을 결정할 수 있지 않을까.

## 모든 취미는
## 재테크가 될 수 있다

✦

일반적인 투자상품은 물론 이색 재테크까지 다양한 경험을 해보라고 추천하고 싶다. 큰돈을 들이지 않고도 내가 좋아하는 것을 즐기면서 돈 버는 길이 얼마나 많은지 확실하게 느낄 수 있다. 그러다 자신에게 맞는 투자처가 생긴다면 더할 나위 없이 좋다.

그림이나 예술품을 대거 사들여 증여하는 방식으로 상속세를 줄이는 재벌가의 이야기를 듣곤 한다. 돈 많은 사람이 누릴 수 있는 취미라고 생각할 수도 있지만 소액으로도 얼마든지 예술품을 살 수 있다.

취재하다 만난 금융투자업계 임원은 취미가 그림 감상이라고 했다. 물론 비싼 작품을 사는 경우도 있지만 대부분 이름 없는 신인 작가들의 공동 전시회를 찾거나 인사동 소규모 전시에서 작품을 싼값에 산다고 했다.

언젠가 나도 지인에게 좋은 선물을 하고 싶어 인사동 거리를 아이와 함께 거닐며 그림을 구경한 적이 있다. 마음껏 작품을 즐기고, 20만 원 상당의 마음에 드는 그림을 샀다. 내가 산 그림은 A4 용지보다 작은 크기의 그림이었지만 해당 작가와 그림의 잠재력에 투자하는 셈이라고 생각했다. 가치가 20만 원에 머물더라도 마음에 드는 그림을 평생 즐길 수 있으니 만족스런 투자다.

그림은 사이즈별로 가격이 뛰어오른다. 적극적으로 그림에 투자하겠다는 마음이 든다면 무명작가의 작은 사이즈의 그림을 저렴하게 여러 점 구매하는 것보다는 크고 똘똘한 한 점을 구매하는 것이 현명하다.

또 다른 지인은 열대어 재테크를 부업으로 하고 있다. 방 하나를 어항으로 채우고 열대어를 키워 판매하는데 희귀 품종의 경우 한 마리에 100만 원이 넘는다고 한다. 다른 반려동물과 비교해 손이 많이 가지 않고, 번식력이 좋아 나름대로 벌이가 괜찮단다.

지난해에는 문재인 대통령 취임 기념우표가 발행됐다. 한정된 발행부수로 중고 시장에서는 부르는 게 값이었다. 2만 원대 우표첩이 20만 원대에 팔릴 정도였다. 이렇게 기가 막히게 돈 냄새를 맡는 사람들이 있다. 사실 수요와 공급을 읽으면 가능한 움직임이다.

레고 재테크인 '레테크', 와인을 포함한 주류 재테크인 '술테크', 동물이나 곤충을 키워서 파는 '펫테크' 등 많은 이색 재테크도 있다.

다양하게 경험하다 보면 취미와 투자를 한 번에 해결할 수 있는 자기만의 방법을 찾을 수 있다. 새로운 경험을 두려워하지 않는 자에겐 언제든지 다양한 길이 열리듯이.

# 인생과 투자의 기본은 '타이밍'

인생은 타이밍이라고들 한다. 특히 결혼할 때 가장 중요한 게 '타이밍'이다. 다른 조건이 모두 맞을지언정 타이밍이 맞지 않으면 아무 소용없다.

"결혼 생각 있으세요?" 내가 남편을 처음 소개받아 만난 자리에서 한 질문이다. 지금 생각하면 참으로 당돌했다. 하지만 다른 조건들이 맞나 살펴보기 전에 우리의 타이밍이 맞는지를 먼저 확인하고 싶었던 거다. 그만큼 나에게 있어서 타이밍은 중요한 요소였다.

결혼을 결심한 후에도 타이밍을 둔 눈치 싸움이 이어졌다. 회사에 결혼을 발표하던 날, "축하한다"라는 말에 이어 결혼도 안 한 처자에게 "애는 언제 낳을 거니? 늦게 낳을 거지?"라는 질문이 쏟아졌다.

그 질문에 대한 답을 찾는 나의 노력은 계속됐다. 일하면서 아기를 낳으려면 언제가 적당할까. 몇 달 뒤에는 중요한 출장이 있고, 그 몇 달 뒤에는 고과평가가 있고 또 그 몇 달 뒤에는 연봉 협상이 있고, 그 뒤에는 인사 발령이 있고…. 이런저런 일정과 내 욕심을 채우려다 보니 아이를 낳을 수 있는 시기는 없었다.

그리고 나는 두 번의 유산을 겪어야 했다. 일에서 손을 놓았어야 하는 타이밍이었지만 차마 놓지 못했던 탓이다. 일이 뭐가 중요하다고 아픈 배를 움켜쥐고 출근을 했는지 나의 미련함에 눈물이 났고, 임신 초기 여성들이 제대로 쉴 기회조차 주지 않는 정책에 화가 났고, 지켜주지 못한 아기에게 미안했고, 또 한 번의 기회를 잃어버린 아쉬움까지 더해져 참 많이 울었다.

그래도 나는 축복받은 사람이었다. 금방 아기 천사가 찾아왔기 때문이다. 이번에는 고민도 없이 일에 대한 욕심을 내려놨다. 눈치조차 보지 않았다. 일을 그만둘 각오까지 되어 있었다.

그렇게 간절하게 출산일까지 아기가 배 속에 잘 있어주기를 매일매일 기도했다. 말도 많고 탈도 많았지만 우리 아기가 축복 속에 건강하게 태어났다. 그 순간 나는 내 일도, 꿈도 잊어버린 한 엄마였다.

돌이켜 보면 워킹맘이라는 타이틀은 내겐 버겁지만 축복이다. 워킹맘이 되고 싶어도 일과 엄마, 그 둘 중 하나를 택할 수밖에 없는 사람이 너무 많기 때문이다. 남들보다 다소 부족할지라도 내 꿈과 내 가족을 동시에 지킬 수 있는 지금의 나는 행복하다.

# 마켓타이밍을
# 잡기 위한 공부

✦

인생이 타이밍이듯 투자도 타이밍이다. 투자하려는 의지가 있다면 질문부터 바꿔야 한다. 많은 사람들이 "무엇에 투자해야 합니까", "어떤 주식을 살까요"라고 묻는다. 하지만 무엇보다 중요한 것은 '언제'다. "지금 무엇에 투자해야 합니까" 혹은 "언제 주식에 투자해야 합니까"라는 질문이 더 바람직하다.

아주 유망한 투자 대상일지라도 수익률이 항상 상향곡선을 그리지는 않는다. 이 때문에 언제 사서 언제 파느냐가 중요하다. 매수와 매도 타이밍을 잡는 것을 마켓타이밍이라고 하는데, 개인투자자들 가운데서도 귀신같이 마켓타이밍을 잘 잡는 투자자들이 있다. 이들을 '마켓타이머'라고 부른다.

마켓타이머가 되기 위해선 공부가 필요하다. 경기 흐름을 읽을 수 있도록 국내외 경제 이슈 정도는 체크하자. 또 경제 이슈에 따라 경기가 좋아질지 나빠질지를 가늠할 수 있는 안목도 키워야 한다. 지금 당장은 막연하지만 주요 경제 뉴스만 꾸준히 읽으면 큰 노력 없이도 안목을 키울 수 있다.

경제 뉴스를 읽기가 어렵다고, 한글로 씌어 있는 것이 분명한데 도무지 읽어도 무슨 말인지 모르겠다는 사람이 많다. 나 역시 경제 뉴스를 처음 읽었을 때는 그랬던 기억이 있다. 기자 생활을 시작하기 전에는 일부러 공부하기 위해 경제신문을 구독해 읽었던 적도 있다. 한 달만 모든 기사를 놓치지 않고 정독하면 한 달 뒤에는 술술 읽힌다는 누군가의 조언에 따라 밑줄을 그으며 읽기도 했다. 모르는 경제용어는 영어 공부를 하듯 경제 사전을 찾아가며 공부했다.

물론 공부를 많이 한다고 해서 미래의 일을 정확히 예측할 수는 없겠지만, 최대한 예견할 수 있는 호재는 맞이하고 위험은 대비할 수 있다.

### 경제신문 제대로 읽는 법

1. 1~3면에서 주요 뉴스를 정독하고 오늘의 이슈를 짚어본다.
2. 경제 섹션에서 경제 전반에 대한 내용과 정책 기사를 확인한다. 경제성장률 전망치, 한국은행 기준금리, 정부의 경제정책 등 거시적인 내용을 파악한다.
3. 국제 섹션에서 각국의 경제 이슈와 정책 이슈를 살펴보며 글로벌 경제 흐름을 읽는다.
4. 산업 섹션에서 각 산업 업황과 기업 뉴스를 체크한다.
5. 주식 섹션에서 지수 흐름과 종목 뉴스를 꼼꼼하게 읽는다.
6. 부동산 섹션에서 부동산 정책뿐 아니라 유망한 지역과 분양 소식 및 거래량을 확인한다.

# 경기 흐름의
# 맥 짚는 법

+

공부를 통해 경기 흐름을 읽자. 특히 경기 흐름에 영향을 많이 받는 주식과 펀드에 투자할 때는 대세 흐름을 잡는 노력이 필수다. 이때 몇 가지 큰 흐름을 알고 있으면 판단을 내리기 편하다.

## 1. 경기와 주가는 동행한다

경기가 상승하면 주가가 올라간다. 반대로 경기가 하락하면 주가도 내려간다. 과거 경험상으로도 경기 활황기에는 주가가 상승했고 경기 침체기에는 주가가 하락했다.

2011년 이후 우리 경제가 장기 저성장 국면에 들어서면서 코스피 지수도 1,800~2,000선의 박스권에 머물렀다. 하지만 2016년 하반기부터 글로벌 경제 회복과 함께 2017년에는 코스피 지수도 연일 사상 최고치를 경신했다.

## 2. 금리와 주가는 보통 역행한다

금리와 주가는 일반적으로 반대로 움직인다. 저금리일 때 주가는 강세를 보이고, 고금리일 때 약세를 보인다. 금리가 내려가면 기업의 금융비용이 줄면서 수익성이 개선돼 기업가치와 주가가 함께 올라가는 구조다.

투자자 입장에서도 저금리 시대에는 예금금리에 만족하기 어려운 만큼 주식시장으로 자금이 더 몰린다. 이 때문에 주가가 오를 가능성이 높아진다.

### 3. 통화량은 주가와 동행한다

경제 뉴스를 보면 양적완화 정책에 대한 언급이 빈번하게 나온다. 실제 2008년 금융위기 이후 미국과 일본을 비롯한 각국은 제로금리에 더해 시중에 직접 돈을 풀었다. 양적완화는 한 국가의 중앙은행이 시중에 직접 통화를 공급해 돈이 돌지 않는 상황을 해소하고, 경기를 부양하는 정책이다.

일반적으로 통화량이 늘면 금리가 내려간다. 그러면 낮은 금리를 활용해 기업이 투자를 늘리고, 성장성이 높아지면서 주가가 올라간다. 또 늘어난 시중 자금이 주식시장으로도 유입되면서 주가 상승을 유도한다. 반대로 통화량이 줄면 주가는 내려간다.

### 4. 환율은 양면성이 있다

원화 환율이 하락하면 기업 수익에는 부정적이지만 외국인의 투자유인이 늘어난다는 점에서 주식시장엔 긍정적이다.

원화 환율이 떨어지면 원화 가치는 올라간다. 그러면 수출 단가 상승과 함께 수출이 줄면서 수출 의존도가 높은 우리나라에서는 주가 하락이 발생한다. 반면 외국인의 경우 투자수익과 함께 환차익을 동시에 노릴 수 있어 한국 증시로의 투자를 늘릴 수 있다. 외국인 투자 증가는 주가를 끌어올리는 요인이 된다. 따라서 환율은 방향성보다 안정성이 중요하다.

# 막차는 피하자

✦

10년 전 대한민국은 주식과 펀드시장의 황금기였다. 하지만 오랜 시간 코스피가 박스권에 머물러 '박스피'라는 별칭까지 생길 정도로 답답한 시장이 지속됐다. 사실 2017년은 코스피가 박스피를 탈피하면서 또 한 번의 르네상스가 찾아온 해였다. 문제는 뒤늦게 소식을 듣고 부랴부랴 투자에 동참하는 투자자들이다.

10년 전인 2008년쯤, 펀드의 'F'자도 모르던 사람들까지 너도 나도 펀드에 가입하는 사태가 벌어졌다. 그리고 2017년 말, 주식 호황은 계속 될 것이라며 뒤늦게 펀드에 가입하는 투자자가 늘었다. 이른바 '막차'를 탄 것이다. 내 주변에도 당시 막차를 타고 큰 손해를 본 사람들이 수두룩하다.

주식과 펀드뿐만이 아니다. 최근 몇 년 동안 계속된 부동산 가격 상승에 너도나도 부동산 투자에 열을 올리고 있다. 정부가 부동산 투기와의 전쟁을 선포하면서 집값 잡기에 나섰다. 지금이 막차일지는 시간이 지나봐야 알 수 있지만 주변을 보니 소위 있는 사람들은 까딱도 하지 않는데, 겨우겨우 목돈을 모아 뒤늦게 부동산에 발을 담근 사람들만 각종 정책과 금리 변화에 발을 동동 구르고 있다.

부동산 대책의 영향이 얼마나 갈지는 아무도 모른다. 하지만 '누가 어디에 투자해 돈을 벌었다더라'는 말만 듣고 뒤늦게 뛰어들지는 말아야 한다.

경제 뉴스를 체크하고 공부한다면 내가 그들보다 기회를 먼저 잡고, 발 빠르게 움직일 수 있다. 남들이 다 한다고 해서 따라가진 말자. 당장 오늘부터 그만하자. 인생은 타이밍이다.

# 슈드비 콤플렉스,
# 완벽주의를 버려라

혼자였을 때 나는 적어도 일을 할 때만큼은 완벽주의자였다. 남들에게 빈틈을 보이는 것이 싫었고, 다른 누군가보다 못하는 것이 싫었다. 운동신경만 있었으면 그 승부욕으로 운동선수를 했을 거라는 지인들의 농담처럼 난 지기 싫었다. 그래서일까, 참 피곤하게 살았던 것 같다.

아이에게도 마찬가지다. 골고루 반찬을 만들어주고, 청결한 환경에서 놀 수 있도록 청소도 깔끔히 해주고, 목욕도 자주 시켜주고, 책도 많이 읽어주는 100점짜리 엄마가 되고 싶었다. 하지만 이렇게 내가 100점을 추구하다 보면 언젠가는 아이에게도 100점을 원하게 될 테다.

나와 같은 일을 하는 내 후배가 울먹이며 고민을 털어놨다. 100점짜리 엄마가 되기 위해 일에서도 욕심을 버렸지만 여전히 부족한 것 같아 일을 그만둬야 하나 고민이 된다고 했다. 후배는 아이에게 있어서만큼은 완벽주의였다. 식사만 하더라도 아이에게 매일 다른 국과 세 가지 반찬을 만들어준다고 했다. "워킹맘이 그게 가능해?" 나는 우선 존경과 경의를 표했다.

그리고 현실적인 조언을 했다. "일을 그만두는 게 아니라면 어차피 일이든 육아든 100점은 불가능해. 하나만 해도 100점은 어려운데 둘 다 유지하면 절대 할 수 없어. 꼭 육아의 철칙을 지키겠다면 일을 그만두는 게 나을 것 같아."

어떤 선택을 하든 그 후배는 늘 힘들어 할 거다. 완벽주의를 버리지 못하면 자신은 늘 만족스럽지 못할 테니까.

전업맘을 택한 내 친구는 아이에게도 자신에게도 만족하지 못해 결국 심리 상담을 받았다. 이렇듯 주변에 심리 상담이나 정신과 치료를 받는 엄마들이 의외로 많다. 들어보면 완벽주의 때문에 생긴 우울함이 원인인 경우가 많다.

감당할 수 없다면 완벽주의는 과감히 버려야 한다. 아이에게는 조금 미안하지만, 난 내가 살기 위해 무언가를 꼭 해야 한다는 강박에 시달리는 '슈드비(should be) 콤플렉스'에서 벗어나기로 했다.

# 예측할 수 없다면
# 명확한 목표를 설정하자

완벽주의자일지라도 재테크에서만큼은 통하지 않는다. 미래를 정확히 예측해낼 수 없기 때문에. 정해놓은 목표에 따라 투자 비중을 조절하거나 매수와 매도 시점을 결정하는 노력만 할 뿐이다.

그러니 투자자산이 손실이 나더라도, 간혹 내가 계획한 대로 흘러가지 않는다 하더라도 노력해서 될 수 없는 일에 스트레스를 받지 말자. 삶을 조금이라도 풍요롭게 만들기 위해 재테크를 하는데, 재테크로 인해 삶이 힘들어진다면 그만두는 게 안 그래도 바쁜 엄마들에게 현명한 선택일 것이다.

그렇다고 손을 놓고 있으란 말은 아니다. 불확실한 미래일지라도 어느 정도 계획을 세우고 목표를 설정해야 한다. 어떤 재테크 대상이든 '얼마의 기간 동안 어느 정도의 자금을 투자해서 몇 퍼센트의 수익을 추구하겠다'는 목표를 설정하고 투자하는 게 좋다.

금융상품을 보면 목표 설정 상품들도 꽤 많다. 목표 수익률을 달성하면 투자 대상을 변경하는 목표전환형 상품이 있고 목표 수익률이 되면 자동 상환되도록 설정하는 상품도 있다.

목표 수익률 달성 시 강제 상환이나 전환이 되지 않는 경우, 값이 더 올라갈 것 같은 기대감에 버티다 매도 타이밍을 놓치는 경우가 비일비재하다. 하지만 지나친 욕심은 금물이다. 원하는 목표를 달성했다면 또 다른 목표를 설정하는 습관을 들이자.

# 실패로
# 경험을 축적하자

✦

투자를 하다 보면 목표 수익률은커녕 마이너스 손실을 보는 경우도 많다. 이럴 경우에는 목표 수정이 필요하다. 정해놓은 목표를 달성할 때까지 손을 놓고 있다가는 오랜 시간 돈이 묶이게 된다.

나는 몇 년 전 미국 내 원유나 가스의 에너지 수송 인프라를 운영하는 미국 마스터합자회사에 투자하는 MLP 펀드에 가입했다가 국제 원유 가격이 하락하면서 큰 손실을 봤다. 펀드가 계속 하락하는데도 '손실을 보고는 절대 못 팔아' 하며 세월아 네월아 했다. 역시 기다린 자를 배신하지 않는 걸까. 국제 원유 가격이 반등에 성공하며 펀드 수익률이 차츰 회복되었다.

그런데 기대감도 잠시, 원유 가격이 또다시 하락하며 손실 폭은 다시 커져만 갔다. 그제서야 나는 손실을 본 채 환매했다. 시간이 한참 지난 후 플러스로 돌아섰지만 전혀 억울하지 않았다. 그 시간 동안의 기회비용을 생각하게 됐기 때문이다. 손실이 나고 있는 지금이라도 환매를 해서 나머지 금액으로 다른 유망한 투자자산에 투자하는 게 현명하다는 판단이 섰다.

난 이 투자로 국제 유가에 미치는 여러 변수와 MLP 펀드의 변동성을 알게 됐고, 손실을 방치할 경우 놓치게 되는 기회비용의 중요성을 깨닫게 됐다. 실패에서 끝난 것이 아니라 다음 투자에서는 같은 실패를 하지 않을 교훈을 얻은 것이다.

# 팔랑귀 대신
# 나만의 공식을 만들자

젖병과 기저귀만 있으면 될 줄 알았던 육아용품의 세계는 공부가 필요할 지경으로 넓었다. 아이가 태어나는 순간부터 모든 순간이 선택의 연속이었고, 육아용품과 육아 노하우에 대한 정보는 내 머리를 과부하로 만들기에 충분했다.

"아이 젖병은 더블○○가 좋대요", "그것도 좋긴 한데 아이 배앓이를 방지하려면 닥터○○○이 괜찮다던데", "근데 그건 씻기가 너무 불편해서 토미○○가 간편하고 좋대요." 젖병 하나만으로도 대화는 20~30분의 수유 시간을 꽉 채운다.

아이를 낳자마자 가는 조리원에서부터 엄마들의 정보 공유가 시작된다. 엄마들은 수유실에서 아이를 안고 수유를 하면서 본인이 알고 있는 정보들을 대방출한다. 서로 모르는 것을 알게 되기도 하고, 다르게 알고 있는 부분에 대해 여러 의견을 취합해 바로 잡기도 한다.

"6개월쯤부터 쏘서나 점퍼루를 타면 신체 활동에 좋습니다", "보행기는 안전상의 이유도 있지만 다리가 벌어지는 것을 막기 위해 요즘엔 잘 태우지 않아요", "외국어는 돌 전후부터 CD를 틀어주면 친숙해질 수 있어요" 등등 육아와 관련된 다양한 정보들은 소위 조리원 동기들로 이뤄진 단톡방과 맘카페 게시판에 넘치고 넘친다.

쏘서와 점퍼루는 대체 무엇인가. 걷지 못하는 아이들을 태워 다리 근육을 발달시키는 기구라는 사실을 검색을 통해 알게 됐다. 나는 보행기를 실컷 타고 잘 자랐는데 왜 우리 아이는 태우지 말라는 것인가. 한국어도 못하는 아이에게 영어를 들려주는 게 맞나.

이곳저곳에서 옳고 그름을 가릴 수 없는 각종 정보가 쏟아지며 머리를 어지럽힌다. 나름 소신 있게 살았다고 생각하지만 육아에서만큼은 흔들리기 일쑤다.

대부분 엄마는 우리 아이에게 좋다면 일단 다 하고 본다. 육아용품, 유아교육 제품들은 아무리 비싸도 없어서 못 팔 정도라고 하지 않나. 우리의 팔랑귀는 육아에서 더욱 거세게 움직인다.

# 선별해 듣고
# 직접 판단하자

✦

"A 지역에 지하철이 들어온대. 확실한 건 아니지만 움직임이 있다니 확정만 되면 주변 집값이 들썩일 거야. 재건축 연한 30년이 다 찬 그 주변 아파트에 투자하라던데."

"B 기업이 신제품 개발에 성공했다는데 허가만 받으면 매출이 기하급수적으로 늘어난다네. 허가가 나기 전에 미리 B 주식을 사 놓으래."

"해외 주식에 투자하는 C 펀드의 2년 수익률이 무려 100%래. 2년 동안 원금의 두 배를 벌었다는 거잖아. 계속 오른다는데 지금이라도 펀드에 가입해야 하지 않을까."

재테크에 조금만 관심을 가지다 보면 여기저기서 각종 정보가 들려온다. 지나고 보면 '그때 나도 투자를 했어야 했는데…' 후회되는 정보도 있고, '그래 안 하길 잘했어. 불확실한 데 투자했다가 망했으면 어찌할 뻔 했나…' 하는 정보도 있다.

재테크 구역에서 정보는 과거와 현재에 대한 분석만큼 미래 흐름과 전망에 대한 정보도 많다. 아직 일어나지 않은 일에 관한 정보는 그만큼 불확실성이 크다. 재테크에서 각종 정보를 더욱 선별해 들어야 하는 이유다.

무조건 좋다는 말만 믿고 따라가는 것은 육아는 물론 재테크를 포함한 모든 일에 있어서 금기다. 어떤 선택을 하든 잘될 수도, 잘

못될 수도 있다. 다만 내가 직접 보고 듣고 판단한 것에 대한 후회가 맹목적인 선택에 따른 원망보다는 낫다.

어떤 이는 말한다. 좋은 정보는 듣고 고민하는 사이 기회가 지나 가버리니 최대한 빨리 투자를 선택해야 한다고. 하지만 기회를 놓칠지언정 정보에 대한 확인과 실현 가능성은 직접 판단해봐야 한다.

어느 지역이 개발된다는 정보를 들었다면 적어도 그 지역에 가보자. 최근 C 지역에 개발 호재가 있어 토지 매매가 많이 이뤄진다는 정보를 듣고 나는 직접 그 지역에 가서 분위기를 살피고 왔다. 당장 땅을 사지 않더라도 해당 지역에 대한 판단이 그 지역을 포함한 주변 지역을 바라보는 시각에 도움을 줄 수 있기 때문이다.

일하는 엄마에게 시간이 어디 있냐고 묻는다면 할 말은 없지만, 앞에서 이야기한 것처럼 나는 보통 주말에 아이와 함께 나들이를 가면서 관심 지역을 경유하는 식으로 시간을 마련한다.

촌각을 다투는 주식시장에서는 더더욱 정보를 제대로 확인하지 않고 행동으로 옮기는 경우가 많다. 아무리 큰 호재가 있더라도 해당 기업에 대한 정확한 판단은 필수다. 증권부 기자로서 나름 많은 정보를 듣는 나조차 호재가 있다는 말만 듣고 투자했다가 실패한 경험이 성공한 것보다 더 많기 때문이다.

# 경험치를
# 패턴화하자

'귀는 팔랑이라고 달린 것'이라는 우스갯소리가 있다. 그럴싸한
말을 들으면 누구나 혹할 수밖에 없다는 얘기다. 내 귀가, 내 마음
이, 그리고 내 돈이 팔랑귀처럼 이리저리 휘둘릴 것 같다면 나만
의 공식을 만들자.

## 워킹맘 재테크 공식

### 1. 세 명 이상의 전문가로부터 의견을 듣자

부동산 투자의 경우 해당 지역뿐 아니라 그 주변 지역 공인중개
사 사무실에도 방문해 이야기를 들어봐야 한다. 해당 지역 사무
실에서는 거래를 성사시키기 위해 무조건 좋은 말만 쏟아내기
때문이다.

주식 투자에서 기업을 살펴볼 때는 주변에 있는 해당 산업 종
사자에게 물어보는 편이 가장 쉽다. 그렇지 않으면 기업공시에 적
힌 기업의 IR 담당자에게 직접 전화해 물어보는 것도 방법이다.
IR 담당자는 본래 업무가 기업가치를 높이기 위해 투자자를 대상
으로 커뮤니케이션 활동을 하는 사람이기 때문에 소액주주라고
하면 대부분 친절히 응내해준다.

## 2. 구체적인 자료수집을 통해 판단 근거를 마련하라

소문은 금맥이나 직접 보면 꽝인 경우도 많다. 그래서 전문가의 판단만큼 임장(부동산 현장 탐방)과 기업공시, 뉴스 등을 통해 스스로 보고 느끼는 것도 중요하다. '촉'이라고도 하지 않나. 실제로 A 지역 임장을 갔다가 직접 보고는 B 지역의 조건들이 더 괜찮아서 투자를 변경한 경우도 있다. 또 C 종목을 추천받았지만 뉴스를 살펴보니 실제로는 소문과 달라서 투자를 포기한 경우도 있다. 근거를 바탕으로 스스로 보고 느끼는 '촉'만이 성공의 발판이 될 수 있다. 꼼꼼히 투자 대상을 살펴보자.

## 3. 급하게 생각하지 말자. 기회는 또 있다.

지금 당장 투자하지 않으면 내 인생에 기회가 다시없을 것 같아 조급해지는 경우가 많다. 이 조급함이 판단력을 흐리게 하고, 잘못된 선택으로 나를 이끌 수 있다. 이럴 때는 '이번에 못하면 다음에 하면 되지'라는 쿨한 마음가짐이 필요하다.

'돌다리도 두드려 보고 건너라'고 했다. 공식을 지키려고 노력하다 보면 조금 늦더라도 종합적인 결론을 내릴 수 있게 된다.

꼭 이 세 가지 공식이 아니어도 좋다. 자신에게 맞는 재테크 원칙과 공식을 만들어보자. 지금 당장.

# 2장

# 우리 집 돈 불리는
# 부동산 재테크

# 집의 목적을
# 분명히 하자

"우리는 집의 노예가 되지 말자." 결혼하면서 우리 부부가 다짐했던 것 중 하나다. 많은 사람들이 내 집 마련에 사활을 걸고, 무리하게 빚을 내서 집을 보유하는 것이 힘겨워 보였기 때문이다.

그렇게 우리는 4년 동안 집의 노예가 되지 않는 데 성공했다. 하지만 당시 우리가 '집의 노예'라 생각하며 안쓰러운 눈빛을 보냈던 그들은 노예에서 '강남 집주인'으로 신분 상승에 성공했다.

조선시대엔 벼슬아치가 죽으면 묘비에 '관직'을 표기하고 갓을 씌웠단다. 이제는 죽으면 묘비명에 '강남 입성'이라고 써야 한다고 누군가 우스갯소리로 말하는 것을 들었다. 그만큼 너무 어려운 일이 되어버렸다는 말이다.

우리 부부는 노예가 되지 않으려다 신분 상승의 기회를 한 차례 잃있다. 또다시 기회는 오겠지만 눈앞에서 놓친 지난 기회가 아쉽기만 하다. 부동산으로 우리의 몇 년 연봉을 한순간에 벌어들인 사람이 주변에 너무 많으니 말이다.

대출하지 않고 착실히 돈을 벌어 모으겠다는 우리의 다짐은 누군가에게는 바보 같은 본보기가 되어버렸다. 신혼 초 투자 전문가를 만나 어떤 재테크를 해야 할까 물었더니 "지금 최고의 재테크는 대출이죠"라고 하더라. 대출로 다른 사람의 자본을 지렛대 삼아 자기자본이익률을 높이는 레버리지 효과를 누릴 수 있다는 설명이었다. 수년간 지속된 저금리 시대엔 레버리지 효과가 더 빛을 발했다.

그는 오히려 나에게 "대출을 왜 안 받으세요?"라고 반문했다. 1억 대출해서 부동산 갭투자를 하고 2억을 벌어 갚으면 되는데 뭐가 걱정이냐는 논리였다. 갭투자로 300채 집주인이 되었다는 책도 나올 정도니 부동산 투자 열기는 최근 몇 년간 대단했다.

정부가 비정상적인 집값과 투기 행태를 막겠다고 각종 정책을 쏟아내고 있다. 일부는 부동산 투자자를 정부 정책에 반하는 적폐 세력으로 치부하기도 한다. 하지만 투자와 투기는 '한 끗' 차이다. 나는 자신에게 무리가 안 되는 수준에서의 부동산 투자는 장기적인 관점에서 긍정적이라고 판단한다.

나에게 왜 갑자기 집에 대한 가치관이 바뀌었냐고 묻고 싶은 사람도 있을 테다. 100% 솔직하게 답변한다면 주변에서 부동산 투자로 돈을 버니 부러워서다. 그리고 아이를 낳고 일하는 엄마가 되면서 집을 보는 기준이 바뀌어서다.

지금은 친정집과 가까운 곳에 터를 잡았지만, 아이가 생활하기 좋으면서 아이와 조금이라도 시간을 함께 보낼 수 있는 직주근접 (직장과 주거지가 가까움) 주거지를 선호하게 됐다. 또 초품아(초등학교를 품은 아파트)나 학군이 좋은 지역으로 자연스럽게 눈길이 간다. 맞벌이 부부가 대부분 선호하는 지역이다.

이렇게 사람들이 원하는 지역이 비슷하다 보니 서울의 주요 지역 집값은 각종 규제 정책에도 불구하고 고공행진 할 수밖에 없다. 혹여 잠시 주춤하거나 가격이 꺾이더라도 수요가 몰리는 지역은 다시 상승할 거라는 전망이 잇따르는 이유다.

수요가 가격을 충분히 받쳐줄 수 있는 수준이기 때문에 내가 원하는 지역에 향후 입성하려면, 또 투자수익을 함께 노리려면 부동산 투자가 답이라고 생각하게 됐다.

# 부동산 투자는 실패해도
# 집은 남는다

✦

"금리가 오르고 부동산 규제가 더 강화되면 부동산 가격이 하락하지 않을까요?", "혹시 부동산에 투자했다가 가격이 떨어지면 어쩌죠? 이미 늦은 거 아닐까요?", "가격도 비싸고 부동산 투자는 위험한 것 아닌가요?" 최근 많이 듣는 질문이다.

투자 판단은 온전히 개인에게 달렸다. 하지만 나는 부동산 가격이 내려가더라도 장기적으로 보면 결국 오를 수밖에 없다고 본다. 과거 경험으로 많은 사람들이 학습한 부분이기 때문에 지금 쉽게 부동산시장이 꺾이지 않는 것이다.

설사 내가 가진 부동산 가격이 하락하더라도 집은 남지 않나. 다른 투자 대상은 투자에 실패하면 휴짓조각이 되어버린다. 하지만 부동산 투자는 집 한 채는 남으니 내가 살든 임대를 하든 다른 방법으로 손실을 만회할 수 있다. 그래서 나는 부동산 투자를 안전한 재테크 방법이라고 생각한다. 물론 무리하게 대출을 받아 갭투자로 돌려막기를 하는 일부 투자자들을 제외하고 말이다.

다만 투자 이익을 더 크게 내기 위해서는 지역과 물건에 대한 공부와 함께 매수와 매도 적기를 잘 잡는 것이 중요하다. 억대의 부동산을 매수하면서 그 지역이 몇 종 주거지역인지, 집의 토지지분이 몇 평인지도 모른 채 그동안 많이 올랐다고 추격 매수하는 사람이 주변에 너무 많다. 부동산 투자가 위험할까 걱정하면서도 왜 아무런 공부도 하지 않고 수억 원의 집을 무턱대고 사는 것인지 이해할 수 없다.

학교는 어디로 배치되냐는 질문에 "우리 애 학교 다니기 전에 팔 거라 상관없어"라고 대답하는 친구도 있다. 학군은 집값에 엄청난 영향을 미친다. 바로 옆 아파트라도 어느 초등학교 학군이냐에 따라 몇천만 원 차이가 나고, 비싸더라도 매매와 전세 수요가 훨씬 많다.

단독주택이나 빌라라면 개별 요인이 영향을 크게 미치겠지만, 아파트라면 단지, 세대, 주변 환경의 각 요인을 일반적인 기준으로 평가해볼 수 있다. 해당 단지의 준공년월과 전체 세대수, 용적률과 건폐율 등을 기본적으로 체크하고 교통이나 시설 등 주변 환경을 점검해야 한다. 또 매물로 나온 세대의 동호수와 방향, 구조, 인테리어 등 세부적인 요인도 체크하는 것이 좋다.

실제 그 지역에 오래 거주한 사람에게 직접 얘기를 들어보는 것도 투자 판단에 좋은 도움이 된다.

## 부동산 체크 포인트

| 단지 | 준공년월 | 신축일수록, 혹은 재건축 연한이 다가올수록 값은 올라간다. |
|------|----------|-------------------------------------------------------|
|      | 세대수   | 대단지일수록 좋다. |
|      | 용적률   | 용적률이 낮을수록 재건축시 사업성이 높다.<br>(용적률: 대지면적에 대한 건축 각층의 바닥면적을 합계한 연면적) |

| | | | |
|---|---|---|---|
| **단지** | 건폐율 | 건폐율이 낮을수록 동간 거리가 넓고 단지 내 공간이 많아 쾌적하다.<br>(건폐율: 대지면적에 대한 건축할 수 있는 1층 부분의 면적) | |
| | 임대 세대 비율 | 임대 세대가 많으면 일반적으로 재건축 추진이 쉽지 않다. | |
| | 주차대수 | 오래된 아파트는 주차 환경이 좋지 않아 중요한 요인이 된다. | |
| | 건설사 | 같은 조건의 아파트라도 브랜드에 따라 값이 달라진다. | |
| | 관리비 | 관리비가 감당할 수 있는 수준인지 살피자. | |
| | 난방 | 오래된 아파트의 경우 중앙난방이 있는데 향후 교체 비용이 들어갈 수 있어 체크해야 한다.<br>개별난방도 보일러 교체 시기를 체크하자! | |
| **환경** | 학군 | 해당 지역 최고 학군을 찾아라! | |
| | 교통편 | 중심지와 접근성, 역과의 거리, 신규 지하철 개통 등을 살펴보자. | |
| | 편의시설,<br>혐오시설 | 백화점, 마트, 공원 등 편의시설이 있는지와 쓰레기처리장 등 혐오시설 위치를 확인하자. | |
| | 임대수요 | 실거주가 아니라면 전월세 수요가 충분한지와 평균 전세가와 월세가를 파악하자. | |
| **세대** | 동 | 접근성, 편의성, 조망권 등이 확보된 단지 내 로얄동을 찾아라!<br>차도 바로 앞 동은 소음 정도를 꼭 확인해야 한다. | |
| | 층수 | 1, 2층이나 최고층은 시세 대비 저렴하고 거래가 어렵다. | |
| | 향 | 남향을 가장 선호하지만 남서나 남동향도 좋다. | |
| | 구조 | 방이 거실 전면과 나란히 배치된 3Bay, 4Bay가 좋다.<br>(Bay(베이)란 발코니를 기준으로 햇빛이 들어오는 공간을 말하는데, 거실과 안방이 한 면에 있다면 2Bay, 거실과 2개의 방이 나란히 위치해 3공간에 햇빛이 들어오면 3Bay, 4공간에 햇빛이 들어오면 4Bay다.) | |
| | 인테리어 | 섀시, 욕실, 싱크대 인테리어 여부를 체크하자.<br>도배장판은 저렴해서 크게 신경 쓰지 않아도 좋다. | |

## 40대 중반까지는
## 임대수익보다 시세차익

✦

부동산 투자를 하기에 앞서 나의 투자 목적을 분명히 하는 것이 필요하다. 내가 들어가서 살 집을 구매할 것인지, 내 거주지와 관계없이 임대수익이나 시세차익을 위해 투자할 것인지를 우선 결정해야 한다.

일하는 엄마는 특히나 거주지를 내 마음대로 결정할 수 없다. 친정이나 시댁의 도움을 받는다면 부모님 댁 근처에 자리를 잡아야 하고, 도움을 받지 못한다면 직장 근처에서 살아야 한다. 거주지가 투자가치가 없다면 굳이 무리해서 내가 살 집을 매매할 필요가 없을 수 있다.

주거와 투자를 동일시한다면 복잡할 것이 없다. 하지만 분리해서 생각할 경우엔 투자 목적을 임대수익으로 할 것인지 시세차익으로 할 것인지에 따라 부동산의 종류와 지역, 투자 금액 등이 달라진다.

임대수익은 40대 후반쯤 노후를 준비하면서부터 목적으로 두는 게 좋다. 임대수익은 안정적으로 월에 일정한 금액을 수익으로 얻는 것이라 연령대가 높은 투자자에게 유리하다.

여전히 대한민국 서울의 부동산은 가격상승률이 높기 때문에 젊은 세대에게는 시세차익을 염두에 두는 게 효과적이라고 생각한다.

만약 시세차익을 목적으로 한다면 언제든 매매가 잘되고 단기간에 상승이 가능한 서울의 소형아파트가 가장 쉽다. 교통편이 좋거나 학군이 좋은 지역이라면 더할 나위 없고, 개발 호재가 있다면 중장기적으로 투자하는 것도 방법이다.

다만 양도소득세를 고려해야 한다. 지난해 발표된 8·2 부동산 대책으로 1가구 1주택자라도 2년 이상 거주하지 않으면 집을 되팔 때 차익에 대해 양도세를 내야 하기 때문이다. 또 1년 이내에 추가로 주택을 매수하면 2년 이상 거주했더라도 양도세를 면제받지 못하니 기억해두어야 한다. 또 9억 원 초과 1주택 보유자에 대한 양도세 부담을 크게 덜어줬던 장기보유특별공제 혜택이 2018년 9·13 부동산 대책의 영향으로 2020년부터는 실거주 요건을 충족하지 않은 경우 줄어든다.

양도세 조건이 까다로워진 데다 다주택자는 양도세 중과세가 적용돼 시세차익을 위한 투자가 점점 어려워지고 있다. 집값이 올랐다면 양도세는 기쁘게 내겠다는 사람도 있지만, 기대수익률을 낮춰야 하는 게 불가피해졌기 때문에 세금과 비용 이상의 수익을 낼 수 있는지 잘 따져봐야 한다.

# 신규 분양으로
# 내 집 마련을 시작하자

나는 부자다. 상위 소득 10% 안에 드는 고소득자다. 나라에서 정한 '돈 잘 버는 부자' 기준에 속하기 때문에 아무런 정책적인 혜택을 받을 수 없다. 부자면서 혜택까지 바란다고 누군가는 욕을 하기도 한다.

그런데 나는 서울 외곽에 있는 30년 된 아파트에 전세로 산다. 부자들이 가지고 있는 집, 고급차는 당연히 없고 시골의 땅 한 평도 물려받은 재산이 없다. 아무것도 없어 둘이 악착같이 벌어보겠다고 워킹맘의 길을 택했고, 열심히 모으고 재테크에 열을 올려 이제야 대출을 낀 소형아파트 몇 채를 마련했다.

반대로 내 친구는 전업맘이다. 남편 또한 변변치 않은 벌이로 소득이 평균 이하다. 그들은 대출부터 아파트 분양, 각종 출산·육아 정책의 모든 혜택을 누린다. 나라가 정한 '저소득층 어려운 사정'에 속하기 때문이다.

하지만 그 친구 부부에게는 매번 때마다 경제적으로 도움을 주는 부모님과 물려받을 상가건물이 있다. 그들은 악착같이 돈을 벌어야 할 이유가 없다. 편안하게 원하는 삶을 살면서도 나라의 각종 지원을 받을 수 있으니 이보다 더 부러울 순 없다.

내가 불행하고 어렵다는 것은 아니다. 아이를 맡기고 둘이 일할 수 있는 환경에 있고, 평균 이상의 월급을 받으며 상대적으로 편안한 삶을 살고 있다. 하지만 왜 정책의 모든 기준이 소득에 맞춰져 있는지가 의문이다.

정책이 나올 때마다 기대에 찼다가도 또다시 소득 기준 때문에 대상에서 제외될 때, 둘이 열심히 벌겠다고 밤낮 없이 일하는 맞벌이 부부들은 힘이 빠질 수밖에 없다.

주변 맞벌이 부부들은 토로한다. 젊은 맞벌이 부부가 살기 힘든 세상이 되어가고 있는 것 같다고, 사각지대에서 아무 도움 없이 홀로서기 위해 발버둥 치고 있다고 말이다.

# 신규 분양,
# 틈새를 노려라

✦

우리의 꿈은 '내 집 마련'. 서울에 새로 짓는 아파트 가격이 날로 치솟고 있지만 분양을 받는 건 로또와 다름없다.

하지만 결혼한 지 7년 내 신혼부부라면 특별공급 신청이 가능하다. 청약 시스템인 아파트투유(www.apt2you.com)에 들어가 특별공급을 클릭하면 우선공급 75%와 일반공급 25%로 나뉘어 신청을 할 수 있다. 이 기준은 소득이다.

작년 세전 기준 평균 월급이 3인 이하 맞벌이가정은 600만 원, 4인 맞벌이가족은 701만 원 이하면 우선공급 신청이 가능하다. 또 25% 물량에 해당하는 일반공급은 3인 이하 맞벌이가정의 경우 650만 원 이하여야 하므로 맞벌이 부부가 요건을 충족하기는 쉽지 않다.

### 신혼부부 특별공급 월평균 소득기준표

| 가구원수 | 우선공급 75%<br>(기준소득) | | 일반공급 25%<br>(상위소득) | |
|---|---|---|---|---|
| | 외벌이 | 맞벌이 | 외벌이 | 맞벌이 |
| | 100% 이하 | 120% 이하 | 100% 초과~120% 이하 | 120% 초과~130% 이하 |
| **3인 이하** | 500만 2,590원 | 600만 3,108원 | 500만 2,591 ~<br>600만 3,108원 | 600만 3,109 ~<br>650만 3,367원 |

82

| | | | | |
|---|---|---|---|---|
| **4, 5인** | 584만 6,903원 | 701만 6,284원 | 584만 6,904 ~<br>701만 6,284원 | 701만 6,285원 ~<br>760만 974원 |
| **6인** | 622만 5원 | 746만 4,006원 | 622만 6원 ~<br>746만 4,006원 | 746만 4,007원 ~<br>808만 6,007원 |
| **7인** | 622만 5,810원 | 795만 972원 | 662만 5,811원 ~<br>795만 972원 | 795만 973 ~<br>861만 3,553원 |
| **8인** | 703만 1,615원 | 843만 7,938원 | 703만 1,616원 ~<br>843만 7,938원 | 843만 7,939 ~<br>914만 1,100원 |

특별공급 요건에 부합하지 않으면 분양의 길은 멀어진다. 정부가 청약가점제를 강화했기 때문이다.

신규 아파트를 분양받으려면 청약통장에 가입해야 한다. 가입 후 일정 시간이 지나면 1순위 조건이 되고, 분양받고자 하는 전용면적에 따라 납입금을 채워놓으면 된다.

같은 1순위라도 청약통장 가입 기간, 무주택 기간, 부양가족수에 따라 점수를 책정하는 청약가점제가 있다. 대부분 수도권에서 전용면적 85$m^2$ 이하의 주택은 100% 청약가점제다.

내 또래의 맞벌이 부부를 보면 대부분 20~30점대에 머문다. 서울 시내 전용면적 85$m^2$ 이하 아파트 가점 커트라인을 보면 60~70점대에 달하니 문턱 근처에도 못 가는 셈이다.

하지만 같은 평수라도 상대적으로 인기가 없는 구조라든지, 비조정지역의 아파트라든지, 실거주가 어려운 10평대 초소형 평수의 경우에는 가끔 30~40점대에 커트라인이 형성되기도 한다. 로

또 중의 로또지만 말이다.

또 전용면적 85㎡ 이상의 주택의 경우 분양 주택 수의 50%는 가점제, 50%는 추첨제로 진행된다. 2018년 10월 정부가 투기과열지구 등에서 공급하는 '추첨제' 물량 중 75%를 무주택자에게 우선 배정하겠다고 추가 대책을 내놨다. 나머지 25%도 무주택자와 기존 집 처분을 약속한 1주택자 사이에서 입주자를 가려낼 예정이라 실질적으로 무주택자가 아니라면 분양받기 어렵게 됐다.

무주택자인데도 불구하고 내 점수가 몇 점인지도 모른 채, 포기하는 사람이 너무도 많다. 청약은 이번 생에 힘들다는 남의 얘기만 듣고 말이다.

내 점수가 어느 정도인지, 언제 가능성이 있는지 계산을 해보는 것도 중요하다. 결혼 후 무주택 기간이 10년이 되었는데, 청약은 어렵지 않냐고 막연히 얘기하는 지인을 보고는 깜짝 놀란 적이 있다. 대충 계산해도 60점 문턱인데 말이다. 청약 가점은 무주택 기간(32점), 부양가족수(35점), 청약통장 가입 기간(17점) 등으로 계산되며 만점은 84점이다.

언젠가 좋은 기회가 올 거란 기대감이 있다면, 대형 평수 신청이 가능한 기준선에 맞춰 청약통장에 돈을 채워놓는 것이 좋다. 청약통장 가입 후 일정 기간이 지났다면, 입주자 모집 공고 전날까지만 기준 예치금을 채워놓으면 되니 걱정하지 말자.

# 청약 가점항목 및 적용기준

| 가점항목 | 가점구분 | 점수 | 가점항목 | 가점구분 | 점수 |
|---|---|---|---|---|---|
| 무주택<br>기간<br>(32점) | 유주택자와<br>만 30세 미만<br>미혼인 무주택자 | 0 | 부양가족수<br>(35점) | 3명 | 20 |
| | 만 1년 미만 | 2 | | 4명 | 25 |
| | 만 2년 미만 | 4 | | 5명 | 30 |
| | 만 3년 미만 | 6 | | 6명 이상 | 35 |
| | 만 4년 미만 | 8 | 청약통장<br>가입기간<br>(17점) | 만 6월 미만 | 1 |
| | 만 5년 미만 | 10 | | 만 1년 미만 | 2 |
| | 만 6년 미만 | 12 | | 만 2년 미만 | 3 |
| | 만 7년 미만 | 14 | | 만 3년 미만 | 4 |
| | 만 8년 미만 | 16 | | 만 4년 미만 | 5 |
| | 만 9년 미만 | 18 | | 만 5년 미만 | 6 |
| | 만 10년 미만 | 20 | | 만 6년 미만 | 7 |
| | 만 11년 미만 | 22 | | 만 7년 미만 | 8 |
| | 만 12년 미만 | 24 | | 만 8년 미만 | 9 |
| | 만 13년 미만 | 26 | | 만 9년 미만 | 10 |
| | 만 14년 미만 | 28 | | 만 10년 미만 | 11 |
| | 만 15년 미만 | 30 | | 만 11년 미만 | 12 |
| | 만 15년 이상 | 32 | | 만 12년 미만 | 13 |
| 부양가족수<br>(35점) | 0명 | 5 | | 만 13년 미만 | 14 |
| | 1명 | 10 | | 만 14년 미만 | 15 |
| | 2명 | 15 | | 만 15년 미만 | 16 |
| | | | | 만 15년 이상 | 17 |
| | | | 총점 | | 84 |

# 1주택 + 1분양권 카드

✦

간혹 대출을 받아서, 혹은 부모님의 도움으로 주택을 매수해 1주택자가 된 부부들은 신규 분양은 쳐다도 보지 않는다. "1주택자라 1순위가 아니잖아요." 의외로 잘못 알고 있는 사람이 많다.

1주택자까지는 1순위에 속한다. 다만 무주택 기간 점수가 최하로 떨어져 가점제에서 불리할 뿐이다. 무주택 기간은 만 30세가 되는 날, 혹은 30세 이전 혼인신고일부터로 산정하기 때문에 어차피 젊은 부부들은 해당 부문에서 1주택자건 무주택자건 점수가 낮은 것은 마찬가지다.

"이미 1주택이 있는데 갑자기 2주택자가 되면 부담이 크지 않나요?" 자신이 1순위임을 알더라도 갑자기 찾아온 기회에 겁을 먹기도 한다. 하지만 청약에 당첨돼 분양권을 받는다고 해서 당장 2주택자가 되는 것은 아니다. 어차피 분양을 받고 건물이 올라가고, 등기하기까지는 보통 3년의 세월이 걸린다. 또 새로운 분양 제도가 도입되더라도 입주 후 6개월 안에만 기존 주택을 처분하면 되기 때문에 3년여 동안 1주택자의 혜택을 누리며 기존 주택의 매도 시점을 잡을 수도 있다.

내 점수가 50점 전후라면 당분간 무주택자 지위를 유지하면서 인생에 한 번 있을까말까 한 분양 당첨을 노려보는 것이 가장 좋다. 그리고 점수가 너무 낮다면 기존 주택을 사고 추첨 물량에 기대는 것도 방법일 수 있다. 만약 당첨되더라도 1개 분양권과 기존

1주택을 동시에 가지고 가면서 3년이라는 시간을 두고 갈아탈 수 있기 때문에 겁먹을 필요는 없다.

# 전매로
# 분양권을 사자

✦

이제 아파트 청약에 한 번 당첨된 사람은 또 다른 아파트에 청약하기 어렵게 됐다. 정부가 분양시장 규제를 강화하면서 새 아파트에 한 번 당첨된 사람은 일정 기간 동안 재당첨될 수 없는 재당첨 제한 규정을 만들었기 때문이다.

전용면적 $85m^2$ 이하 아파트는 당첨 후 수도권 내 과밀억제권역은 5년, 지방은 3년 동안 재당첨이 제한된다. $85m^2$ 초과 아파트는 수도권 내 과밀억제권역은 3년, 지방은 1년 동안 재당첨이 제한된다. 한 번 당첨되기도 하늘에 별따기인데 재당첨은 이번 생에는 기대하기 어려운 일이 되어버렸다.

청약제도 강화와 함께 전매도 강화됐다. 청약에 당첨된 사람이 아파트가 완공되기 전 분양권을 파는 것이 전매인데, 그동안은 청약에 당첨만 되면 바로 되팔아 차익을 얻기도 했지만 전매제한이 투기과열지구에서 조정대상지역으로 확대돼 분양권을 팔 수 없게 됐다. 결국 전매를 이용해 차익을 노리는 투자자들이 인천과 송도 등 전매가 가능한 지역 청약으로 대거 몰렸다.

하지만 인생에 단 한 번뿐인 청약통장 당첨 기회를 웃돈 몇천만 원과 맞바꿀 것인가. 현 정책에서는 서울을 포함한 투자가치가 있는 대부분 지역에 전매제한이 걸려 있어 분양권을 파는 투자법은 큰 메리트가 없다.

그렇다면 반대로 분양권을 매수하는 것은 어떨까. 분양권을 산 경우에는 재당첨 제한이 적용되지 않는다. 따라서 전매가 가능한 지역이라면 전매가 풀리는 시점에 많은 분양권이 한꺼번에 매물로 나와 프리미엄(P)이 덜 붙었을 때 바로 사는 것도 좋은 방법일 수 있다.

또 일부 지역에서는 일반분양 후 미분양 혹은 미계약분 물량이 추가로 나오기도 한다. 줄을 서서 추첨권을 받아 추첨하거나, 선착순으로 남은 물량을 계약할 수도 있다. 최근에는 대출 규제로 자격이 안 돼 청약에 당첨되고도 계약을 못한 물량이 속출하고 있으니 청약통장을 쓰지 않고도 분양권을 노려볼 만하다. 사실 인기가 많은 단지는 이 역시 하늘의 별따기다.

최근 서울 신촌의 한 아파트는 미분양 물량 두 개에 대해 공개 인터넷 청약을 진행해 만여 명이 몰리기도 했다. 반면 용인의 한 대단지는 최근 마이너스 프리미엄이 형성되기도 했다. 지역별 양극화를 보이는 만큼 정확한 투자 판단은 필수다. 분양권이 로또가 되기도, 골칫덩어리가 되기도 하니 말이다.

## 분양가상한제 적용주택 전매제한 기간 개선안

| 구분 | | | 전매제한 | | 거주 의무 기간 |
|---|---|---|---|---|---|
| | | | 투기과열 | 그 외 | |
| 수도권 | 공공택지<br>(공공분양)<br>(민간분양) | 분양가격 인근 시세의<br>100% 이상 | 3년 | 3년 | |
| | | 85 ～ 100% | 4년 | 4년 | 1년 |
| | | 70 ～ 85% | 6년 | 6년 | 3년 |
| | | 70% 미만 | 8년 | 8년 | 5년 |
| | 민간택지 | 분양가격 인근 시세의<br>100% 이상 | 3년 | 1년 6개월 | |
| | | 85 ～ 100% | 3년 | 2년 | |
| 수도권 | 민간택지 | 70 ～ 85% | 3년 | 3년 | |
| | | 70% 미만 | 4년 | 4년 | |

# 기존 주택을
# 눈여겨보자

"남편 돈 잘 버는데 그냥 그만둬." 내가 살고 있는 이 사회는 이런 말을 수도 없이 들으면서도 웃어넘겨야 하는 사회다.

실제로 친한 친구가 결혼을 앞둔 시점에 회사 내에 남편 직업이 변호사니 결혼하면 그만둘 예정이라는 소문이 기정사실로 되어 있었단다. 본인은 그럴 생각이 전혀 없었는데도 말이다.

애 엄마가 열심히 일하면 곧이곧대로 보지도 않는다. "남편도 있는데 뭐 이렇게 악착같이 해", "저 여자 혹시 임원까지 할 생각인 거야?", 열심히 해서 악착같이 버텨내는 워킹맘에게 돌아오는 것은 박수보다는 '독하다'라는 평가다.

독한 여자만 살아남을 수 있다는 건가, 처음에야 칭찬인가 싶어 웃어넘겼던 말들이 이제는 왜 독한 여자만 일을 할 수 있는 사회인지, 왜 애 엄마는 일을 대충 한다고 생각하는 건지, 왜 남편이 있으면 일을 안 해도 된다고 생각하는 건지 의구심이 생긴다.

나의 능력을 사회의 필요한 부분에서 발휘하고, 그 대가로 월급을 받는다. 나는 그 돈으로 가계에 보탬이 되고자 한다. 남편의 월급이 얼마인지가 내가 일을 하는데 크게 중요하지는 않다는 말이다. 그리고 어차피 하기로 했다면 잘하고 싶다.

사실 남자건 여자건 우리나라에선 치열하게 살아야만 살아남는다. 왜 그럴까. 대기업에 다니는 직장인은 회사가 정글 같다고 표현하더라. 정글에서 살아남기 위해 동물들이 경쟁하고 있다고 말이다.

우리는 왜 회사에 다니고, 왜 아이를 두고 맞벌이를 하며, 왜 일을 즐기지 못하고 돈을 벌기 위해 혹은 조직에서 살아남기 위해 버텨내야 하는 것일까.

아주 개인적인 생각이지만 나는 우리 사회가 치열한 이유는 5000만 인구가 좁은 땅덩어리 안에서, 또 대부분 수도권에 몰려 좋은 땅을 서로 갖기 위해 경쟁하기 때문이라고 본다.

이 땅을 벗어나지 않는 이상 어떻게든 맞춰서 살아가야 하지 않을까. 신규 분양을 노릴 수 없다면 기존 주택이라도 눈여겨보자.

# 대지지분을
# 꼭 살피자

✦

우리나라는 국토가 워낙 좁은 데다 건물을 지을 수 있는 땅이 전국 토지의 4.3%밖에 안 된다. 1인당 85$m^2$에 불과한 셈이다. 한정된 땅에 건물을 짓다 보니 더더욱 땅의 가치가 높아진다.

새 아파트를 분양받는 것이 어려워 대부분은 기존 주택에 접근한다. 그런데 기존 주택을 볼 때 번지르르한 건물 외형을 보고 혹해서 집을 사는 경우가 많다. 하지만 중요한 건 땅이다.

우린 어떤가. 자기가 사는 아파트 평수는 알지만, 집의 대지지분이 얼마냐고 물으면 절반 이상이 답을 하지 못한다.

"주택이 아닌데 제 땅이 있나요?" 당연하다. 아파트 각 채는 각자의 소유지만 아파트가 서 있는 땅은 공동소유다. 때문에 공동소유 토지의 지분을 세대수가 나눠 갖는데 이것이 대지지분이다. 공동 주택의 대지지분은 등기부등본에서 확인할 수 있다.

용적률이 얼마냐에 따라 해당 단지의 재건축 가능성이 달라지고, 해당 세대의 대지지분이 얼마냐에 따라 내가 받을 수 있는 분양권이 달라진다.

무조건 재건축 투자를 하라는 건 아니다. 하지만 시간이 지날수록 아파트는 낡기 마련이다. 번지르르한 외형과 고급 자재, 단지 내 편의시설이 처음에는 이목을 끌 수 있지만 시간이 지나면 결국 대지지분에 대힌 가치가 주택 가격에 영향을 미친다.

# 30살 아파트 보기를
# 금같이 하라

✦

많은 이들이 입성하고 싶어 하는 강남구는 사실 서울이 아니었다. 마곡을 중심으로 요즘 뜨고 있는 강서구도 강남구가 서울로 편입된 1975년보다 늦은 1977년에 서울이 됐다. 서울은 종로구, 중구, 용산구 등 7개구를 중심으로 한 작은 규모였지만 점차 택지를 개발하고 확장하면서 1995년에서야 현재의 25개구로 확정됐다.

이제는 과거처럼 양적성장을 할 수 없다. 대규모 개발을 추진할 만한 택지가 없기 때문이다. 70년대에는 강북으로만 수용할 수 없었던 공급을 강남 개발을 통해 확장했고, 이후에도 서울 주변의 노는 땅은 모두 택지 개발 대상이 됐다. 마지막 강서구 마곡지구를 끝으로 더는 대규모 개발이 없다는 평가가 잇따르고 있다.

이제 신규 공급은 재건축밖에 없다는 말이다. 90년대를 전후로 서울에 대규모 아파트 단지들이 대거 들어선 만큼 이제 재건축 가능 연한인 30년을 넘어서거나 앞둔 단지에 대한 재건축 투자가 부동산시장을 움직이고 있다.

이미 갖춰진 도시에 있는 아파트를 허물고 다시 짓는다면 사업성이 충분하다. 다만 현재 주거하고 있는 주민에게 분양권을 주고도 추가로 일반 분양을 할 수 있는 물량이 충분히 나와야 한다. 이 모든 것이 용적률로 결정된다. 또 용적률이 같더라도 해당 용지가 몇 종 주거지역인지에 따라 새로 짓는 아파트의 층수가 결정되기 때문에 복합적인 판단이 필요하다.

## 집 살 돈이 부족할 땐
## 갭투자를 시도해보자

✦

"30년 된 아파트에 쥐 나오지 않나요?" 불과 며칠 전에 들은 충격적인 질문이다. 오래된 아파트에서는 살기 힘들다는 인식이 깔린 거다. 물론 요즘 나온 아파트와 비교해 주차장이나 집 구조 등 편리성이 떨어질 수 있다. 하지만 리모델링을 어느 정도 거친 집은 새 집 못지않다.

"그래도 오래된 아파트엔 살기 싫어요." 그렇다면 굳이 살 필요가 없다. 사실 재건축 가능성이 높은 단지는 집값도 천정부지로 솟아 제값을 다 주고 사기도 어렵다. 해답은 갭투자다.

지난 몇 년 동안 저금리와 부동산 가격 상승 속에서 갭투자가 성행했다. 갭투자는 전세금을 끼고 매매가와의 차이만 주고 주택을 매수한 후, 매매가격이 상승하면 파는 투자 방식이다.

전세가가 높아 전세가격과 매매가격의 차이가 작을수록 투자금이 적게 들고, 구입 후 매매가격이 상승할수록 시세차익도 그만큼 커져 수익이 늘어난다.

갭투자의 가장 큰 매력은 소액으로도 시작할 수 있는 부동산 재테크리는 점이다. 3000만 원으로도 3억 원 집을 살 수 있고 1~2년 안에 억대 수익을 낼 수도 있다.

하지만 여기서 착각하고 있는 부분이 있다. 갭투자는 확실히 갭만 봐야 한다. 강북의 3억짜리 집과 강남의 10억짜리 주택의 갭이 똑같이 1억이라면 어떤 물건을 매수할 것인가. 무조건 강남이다.

내가 10억 원짜리 집을 샀다고 생각하기보다는 1억 원을 투자했다고 보는 것이 맞다. 그렇기 때문에 투자금 대비 수익률이 더 좋을 곳을 선택하는 것이 합리적이다.

"너무 비싼데 위험하지 않을까요?" 맞다. 매매가격이 떨어지면 큰 손해를 볼 수 있다. 주택 가격이 그대로라도 주택을 사는데 들어가는 취득세, 복비, 법무사비, 리모델링비 등을 감안하면 오히려 손해다. 원하는 시기에 팔지 못하거나 다음 세입자를 구하지 못할 경우엔 자금순환에 어려움이 생길 수 있다.

또 갭투자 자금을 대출로 마련했을 경우에도 문제가 생긴다. 현재 살고 있는 집의 담보대출, 혹은 전세자금대출을 활용해 갭투자를 하는 세력이 확대되면서 정부가 갭투자자들의 숨통을 조였기 때문이다. 1주택 이상의 경우 모든 대출이 막히면서 전세 만기가 돌아왔을 때 대출금을 상환해야 하는 리스크가 발생하게 됐다.

갭투자가 다양한 리스크에 노출되어 있다고 하지만 이런 경우의 수는 3억짜리든 10억짜리든 똑같이 발생한다. 갭이 얼마냐가 중요하다는 말이다. 누군가처럼 갭투자로 수십 채를 사들이는 것이 아니라 철저히 수요와 가능성을 보고 투자한다면, 내 투자금액과 기대수익률로 판단하는 것이 맞다.

# 다주택자로
# 가는 길

갑자기 아이가 허리를 숙여 다리 사이로 얼굴을 내밀고 거꾸로 보는 행동을 한다. "어머, 동생 보려나 보다." 이게 무슨 청천벽력 같은 소린가. 예전부터 첫째 아이가 이런 행동을 하면 둘째가 생긴다는 속설이 있어 어른들이 기대에 찬 말씀을 하시곤 한다.

첫째가 2, 3살쯤 되면 하는 행동 중 하나고, 그때쯤 둘째가 생기는 경우가 많으니 생긴 속설일 뿐이다. 하지만 집안 어른들은 둘째를 낳았으면 하는 마음을 장난처럼 흘러가는 말로 표현해 은근한 압박을 주시곤 한다.

하나냐 둘이냐 그것이 문제로다. 아이에게 해줄 수 있는 가장 큰 선물은 형제라고 한다. 혼자 노는 뒷모습을 보면 안쓰러워서 한 명 더 낳아줘야 하지 않나 고민이 들기도 한다.

나만을 생각하면 이기심이 발동한다. 지금 당장 또 임신과 출산을 하려면 적어도 일을 1년 정도 쉬어야 한다. 한참 경력을 쌓아야 할 시기에 또 일을 놓게 되면 어렵게 복귀해 자리를 잡아 놓은 것이 말짱 도루묵이 된다.

가계에도 부담일 수 있다. 신의 직장이라 불리는 직장에 다니면서도 세 명을 낳아 키우느라 늘 빠듯했다는 직장인의 말을 들으면 대충 짐작이 간다. 같은 직장에 다녀도 자녀수에 따라 생활수준이 극과 극이라고 하니 말이다.

워킹맘으로 오랜 시간 버텨 임원 자리까지 간 선배들은 인생에 가장 후회되는 일이 둘째를 낳지 않은 것이라 하기도 한다. 일을 계속하기 위해 한 명만 잘 키우겠다고 다짐했었지만, 아이가 혼자이기 때문에 중고등학생 때까지 챙겨줘야 했다고 말이다.

엄마, 아빠가 모두 야근을 해서 갑자기 늦는다고 가정하자. 둘이라면 초등학생이 된 후에는 양가 부모님이나 돌보미의 도움을 받지 않아도 서로 의지하고 시간을 보내면 되겠지만, 혼자라면 아무래도 돌봄의 손길이 더 오래 필요하다는 설명이다.

언젠가는 국가정책이 '한 명만 낳아 잘 기르자'였던 때가 있었다. 그리고 지금은 '자녀에게 물려줄 최고의 유산은 형제자매'라는 캐치프레이즈로 출산을 장려한다. 상황에 따라 다른 정책을 내세우고 있지만 둘 다 설득력 있는 표어임엔 확실하다.

외동이냐 다둥이냐, 장단점이 너무 뚜렷하기에 답 없는 고민과 논쟁은 계속된다. 특히 아이를 직접 돌볼 수 없는 일하는 엄마에게는 더 마음 아픈 고민이다.

# 똑똑한 집 한 채가
# 최선일 수 있다

✦

과격한 표현일지 모르겠지만 아이는 많으면 많을수록 좋으면서도 막상 많으면 골칫거리라고들 한다. 부동산도 마찬가지다. 다주택자가 꿈이지만, 요즘 같아서는 다주택자들이 골머리를 앓고 있다.

2017년 정부가 내놓은 8·2 부동산 대책의 핵심은 '살 집 빼고는 다 팔아라'다. 1주택자일지라도 거주 요건을 넣어 실거주를 2년 이상 하지 않으면 매도 시 양도세를 내도록 했다.

다주택자에게 부과되던 양도세 부담도 늘렸다. 올해 4월부터 2주택자가 집을 팔 땐 과세표준에 따라 10% 포인트를 더한 16~52%의 세율을 적용하고, 3주택자 이상은 20% 포인트를 더해 26~62%의 세율을 적용한다.

서울시와 세종시, 경기 일부 지역과 부산 지역 등 조정대상지역에 정책을 적용한다지만 부동산 투자가치가 있는 대부분의 지역이 포함 대상이다.

양도세 중과세에도 불구하고 부동산 가격이 꺾일 줄 모르자 정부는 2018년에도 9·13 부동산 대책을 내놓고 보유하고 있는 부동산에 부과하는 보유세를 인상했다. 다주택자의 세금 부담이 가중될 것으로 명백히 예상되기에 많은 투자자들은 '똑똑한 집 한 채'로 전략을 바꾸고 있다.

## 다주택자 양도세율 인상안

| 과세표준 | 기본세율 | 2주택자 | 3주택자 이상 |
|---|---|---|---|
| 1200만 원 이하 | 6% | 16% | 26% |
| 4600만 원 이하 | 15% | 25% | 35% |
| 8800만 원 이하 | 24% | 34% | 44% |
| 1억 5000만 원 이하 | 35% | 45% | 55% |
| 3억 원 이하 | 38% | 48% | 58% |
| 5억 원 이하 | 40% | 50% | 60% |
| 5억 원 초과 | 42% | 52% | 62% |

# 주택 보유세를 알자

✦

가장 대표적인 보유세가 재산세와 종합부동산세이다. 재산세는 각 토지, 주택별 과세물건에 매기는 세금이다. 주택의 경우 시가표준액에 공정시장가액비율(주택 60%, 건물·토지 70%)을 곱한 과세표준이 6000만 원 이하면 0.1%, 6000만 원 초과~1억 5000만 원 이하면 0.15%, 1억 5000만 원 초과~3억 원 이하면 0.25%, 3억 원을 초과하면 0.4%의 세율이 적용된다.

공시가격이 3억 원인 주택의 경우 총 재산세는 45만 원, 6억 원인 주택은 144만 원가량으로 차이가 크게 난다. 여기에 지방교육세와 도시계획세 등을 포함하면 세금은 무시하기 어려운 수준으로 올라간다.

## 주택 재산세율

| 과세표준 | 세율 |
|---|---|
| 6000만 원 이하 | 0.1% |
| 1억 5000만 원 이하 | 0.15% |
| 3억 원 이하 | 0.25% |
| 3억 원 초과 | 0.4% |

재산세는 매년 6월 1일을 기준으로 7월과 9월에 나눠서 부과하기 때문에 부동산 매수 시 6월 이후를 잔금일로 잡는 것이 좋다.

9·13 부동산 대책의 핵심은 종합부동산세(종부세) 인상이다. 종부세는 재산세처럼 매년 6월 1일 시가표준액을 기준으로 공정시장가액비율 80%를 적용한 과세표준에 따라 세율이 결정된다. 다만 과세 대상인 주택 및 토지를 유형별로 합산해 주택 6억 원, 토지공사 가격 5억 원, 별도합산토지 800억 원을 넘는 초과분에 대해서만 과세하는 세금이라 주택을 보유했다고 해서 모두가 내지는 않는다.

9·13 부동산 대책의 종합부동산세법 개정안은 과표 구간을 6억 원에서 3억 원까지 낮추고 세율도 구간별로 0.2% 포인트에서 0.7% 포인트까지 인상하기로 했다.

또 3주택 이상뿐 아니라 조정대상지역의 2주택자도 추가 세율을 적용하기로 했다. 이에 따라 3주택 이상이나 조정대상지역 2주택 이상인 경우 구간별로 0.6%에서 최대 3.2% 세율로 종부세를 부담하게 된다.

기획재정부의 시뮬레이션에 따르면 실거래가 18억 원(공시가격 12억 7000만 원)짜리 1주택을 보유했다면 종부세 부담은 104만 원 정도이며, 실거래가 23억 6000만 원(공시가격 16억 500만 원)짜리 1주택의 종부세 부담은 293만 원 수준이다.

## 종합부동산세법 개정안

| 과세표준 | 현행 | 수정안 | |
|---|---|---|---|
| | | 일반 | 3주택 이상 & 조정대상지역 2주택 |
| 3억 원 이하 | 0.5% | 현행 유지 | 0.6% |
| 6억 원 이하 | | 0.7% | 0.9% |
| 12억 원 이하 | 0.75% | 1.0% | 1.3% |
| 50억 원 이하 | 1.0% | 1.4% | 1.8% |
| 94억 원 이하 | 1.5% | 2.0% | 2.5% |
| 94억 원 초과 | 2.0% | 2.7% | 3.2% |
| 세 부담 상한 | 150% | 150% | 300% |

다만 보유 주택 수에 따라서 차이가 커진다. 이번 개정안으로 조정대상지역에서 2주택 이상을 보유했거나 기타지역 3주택 이상

을 보유한 집주인은 세부담이 더욱 무거워졌다.

예를 들어 주택의 합산 시가가 19억 원(공시가격 13억 5000만 원)인 조정지역 2주택 또는 3주택을 보유했다면 종부세는 187만 원에서 415만 원으로 껑충 뛴다. 종부세 415만 원에 재산세 427만 원을 합산하면 매년 총 842만 원의 세금을 내야 하는 셈이다.

여기에 정부가 공정시장가액비율을 현행 80%에서 2019년 85%, 2020년 90%, 2022년 100%까지 올려 현실화하는 방안을 내놓아 종부세 부담은 더욱 커질 전망이다.

### 1세대 1주택자

| 과세표준 | | 3억 원 | 6억 원 | 12억 원 | 21억 원 | 50억 원 | 94억 원 |
|---|---|---|---|---|---|---|---|
| 공시가격 | | 12.7억 원 | 16.5억 원 | 24억 원 | 35억 원 | 72억 원 | 127억 원 |
| 합산 시가 | | 18억 원 | 23.6억 원 | 34억 원 | 50억 원 | 102억 원 | 181억 원 |
| 종부세 | 현행 | 94만 원 | 187만 원 | 554만 원 | 1375만 원 | 4020만 원 | 1억 673만원 |
| | 수정안 | 104만 원 | 293만 원 | 911만 원 | 2242만 원 | 6500만 원 | 1억 6435만 원 |
| 재산세 등 | | 399만 원 | 538만 원 | 817만 원 | 1236만 원 | 2584만 원 | 4630만 원 |
| 보유세 | 수정안 | 503만 원 | 832만 원 | 1728만 원 | 3478만 원 | 9084만 원 | 2억 1065만 원 |

## 조정지역 2주택 또는 3주택 이상자

| 과세표준 | | 3억 원 | 6억 원 | 12억 원 | 21억 원 | 50억 원 | 94억 원 |
|---|---|---|---|---|---|---|---|
| 공시가격 | | 9.8억 원 | 13.5억 원 | 21억 원 | 32억 원 | 69억 원 | 124억 원 |
| 합산 시가 | | 14억 원 | 19억 원 | 30억 원 | 46억 원 | 98억 원 | 176억 원 |
| 종부세 | 현행 | 94만 원 | 187만 원 | 554만 원 | 1375만 원 | 4020만 원 | 1억 673만 원 |
| | 수정안 | 144만 원 | 415만 원 | 1271만 원 | 3061만 원 | 9092만 원 | 2억 2264만 원 |
| 재산세 등 | | 287만 원 | 427만 원 | 706만 원 | 1124만 원 | 2473만 원 | 4519만 원 |
| 보유세 | 현행 | 381만 원 | 614만 원 | 1260만 원 | 2499만 원 | 6493만 원 | 1억 5191만 원 |
| | 수정안 | 432만 원 | 842만 원 | 1976만 원 | 4185만 원 | 1억 1564만 원 | 2억 6782만 원 |

　　다주택자는 재산세에 종부세까지 1년에 내야 하는 세금이 만만치 않다. 개인적인 의견으로는 내 또래의 나와 비슷하게 시작한 투자자라면 가능한 똘똘한 한 채가 가장 합리적이라고 본다. 투자자금이 충분해서 똘똘한 여러 채를 살 수 있는 사람이라면 문제없을 것이고, 투자자금이 부족하더라도 각종 수단을 동원해서 2~3억 원의 자금 확보가 가능하다면 서울 시내의 똘똘한 한 채에 도전해 보는 것도 방법이다.

　　실제 나의 첫 부동산 투자 물건은 1억 1000만 원의 갭투자였다. 서울 곳곳을 돌아다니며 투자처를 모색했지만 결국 첫 투자인 만큼 가급적 대출 없이 투자하기 위해 2억 8000만 원짜리 강북의 아파트를 매수했다.

하지만 매수한 아파트는 주변의 각종 호재와 시장의 호황에도 불구하고 1년 동안 6000만 원 오르는 데 그쳤다. 그 당시 조금만 더 보태서 서울 중심의 다른 아파트를 샀다면 억 소리 나게 올랐을 텐데 말이다. 당시 우리가 고민했던 아파트들이 같은 기간 3~4억이 올라 10억 클럽에 이름을 올리는 걸 보면 배가 아파온다. 1년 동안 연봉만큼의 투자수익을 안겨줬음에도 우리 부부가 실패한 투자라고 평가하는 이유다.

소형 물건으로 시작했기 때문에 그 후에도 우리는 계속해서 소형 물건들을 탐색할 수밖에 없었다. 첫 시작을 똘똘한 한 채로 했으면 어땠을까. 시세차익도 더 컸을 테고 세금 고민도 적었을 것이다. 우리 부부는 그렇게 임대사업자라는 선택의 기로에 올라섰다.

## 임대사업자로
## 다주택자 되기

✦

다주택자를 포기할 수 없다면 임대사업자 등록도 방법이다. 내가 가진 주택이, 혹은 내가 투자하려는 부동산의 미래가 아직 밝다면 임대사업자로 등록해 세금 혜택을 받는 것이다.

정부가 한시적으로 임대주택 인센티브를 내놓았다가 시장 과열이 좀처럼 잡히지 않자 9·13 부동산 대책에서 다시 혜택을 줄이며 혼란이 벌어졌다. 때문에 나에게 적용되는 세제 혜택을 꼼꼼히 따져보고 선택하는 것이 좋다.

우선 신규 분양의 경우 부동산을 매수했을 때 지불하는 취득세를 감면받을 수 있다. 서울에 있는 주거전용면적이 85㎡ 이하의 신규 주택을 6억 원에 취득했다면 660만 원가량을 취득세로 납부해야 하기 때문에 세제 혜택은 큰 이점이다.

또 주택 가격이 수도권은 6억 원, 비수도권은 3억 원 이하면서 주택전용면적이 85㎡ 이하의 주택이라면 임대주택 등록을 할 경우 양도세 감면 혜택을 받을 수 있다. 사업자등록 후 8년 이상~10년 미만 임대하면 장기보유특별공제 비율을 50%, 10년 이상 임대 시 70%를 적용한다.

다만 그동안 다주택자가 주택을 팔 때 주택 수에 따라 양도세가 중과되는 양도세 중과를 임대사업자에게 면해줬지만, 1주택 이상일 때 2019년 9월 13일 이후 조정대상지역에 새로 취득한 주택은 임대 등록 시에도 양도세를 중과하기로 했다. 즉, 양도세는 중과해 계산하되 요건이 충족할 시 장기보유특별공제에 따라 기본 세금의 50~70%를 감면받는 셈이다.

또 의무 임대 기간을 8년 이상으로 하는 준공공임대사업자라면 8년 이상 임대하면 양도세 장기보유특별공제 비율을 50%, 10년 이상은 70%로 높여준다. 2018년 한시적이지만 주택 가격이 수도권은 6억 원, 비수도권은 3억 원 이하면서 주거전용면적이 85㎡ 이하 주택의 경우 부동산 등기 후 3개월 내에 준공공임대사업자를 등록하고, 8년 이상 임대 후 추가로 2년 사업자 지위를 유지하면 해당 부동산의 양도세를 비과세 해주는 혜택도 있다. 다주택자라도 양도세를 내지 않는 합법적인 방법이기 때문에 우리 부부는 이 방법을 택했다.

여기에 8년 이상 임대사업자로 등록하면 주거전용면적에 따라 재산세와 임대소득세를 감면해주고 종부세 합산에서 배제해준다. 단 이전엔 다른 소득이 있더라도 임대소득이 2000만 원을 넘지 않으면 분리과세를 적용했지만 9·13 부동산 대책 이후 1주택 이상자가 조정대상지역에 새로 취득한 주택은 임대등록시에도 종부세가 합산과세된다.

건강보험료 감면 혜택도 있다. 2020년 말까지 임대사업자로 등록한 연 2000만 원 이하 분리과세 대상 사업자는 임대 의무 기간 동안 건강보험료 인상분을 8년과 4년 임대 시 각각 80%, 40% 감면받을 수 있다. 물론 직장가입 대상 근로자라면 건강보험료는 고려하지 않아도 된다.

가장 큰 혜택은 임대사업자 대출이다. 기존 주택당 LTV(주택담보대출비율) 60~80%까지의 대출이 가능했지만 투기지역이나 투기과열지구 내 주택을 담보로 하는 임대사업자 대출에 LTV 40%를 도입해 혜택이 크게 줄었다.

또 투기지역이나 투기과열지구 내 고가주택 신규 구입을 위한 담보대출이나 주택담보대출을 이미 보유한 사업자가 투기지역 내 주택 취득 목적의 대출을 받는 것도 제한했다.

그럼에도 불구하고 9·13 부동산 대책으로 다주택자의 담보대출과 전세자금대출이 모두 막힌 상황에서 임대사업자대출은 여전히 가능하다. 또 투기지역이나 투기과열지역이 아닌 곳은 여전히 80% 대출이 가능하기 때문에 투자자들은 임대사업자로 눈을 돌릴 수밖에 없다.

임대사업자가 아니라면 2주택 이상 보유한 세대는 규제지역 내 주택 신규 구입을 위한 주택담보대출이 금지됐고 1주택자 역시 불가피한 예외 허용 사유가 아니라면 원칙적으로 담보대출은 금지다. 이 때문에 LTV 40%라도 받을 수 있는 임대사업자는 투자자들에게 한줄기 빛이 된다.

다양한 혜택에도 불구하고 다주택자들이 골치 아픈 건 경우에 따른 복잡한 셈법 탓에 어떤 선택이 더 큰 이익일지 따져봐야 하기 때문이다. 또 임대사업자 등록 후 4년 혹은 8년 이내에는 해당 주택을 팔 수 없기 때문에 매도 타이밍을 놓칠 수 있다는 우려도 상존한다. 물론 매매차익이 커서 임대 기간을 채우지 못할 경우 발생하는 과태료 3000만 원을 내도 문제되지 않는다면 큰 걱정거리도 아니다. 또 임대소득이 2000만 원을 넘는다면 혜택이 크게 줄어드니 더 꼼꼼히 살펴보자.

어쩌면 누군가에게는 이 또한 행복한 고민이 되겠지만.

# 월급 외
# 수입을 만들자

어느 날 출산 후 휴직 중인 친구 A에게서 전화가 왔다. 복직을 앞
두고 도저히 어떻게 해야 할지 모르겠어서 나에게 조언을 구하고
자 연락한 것이었다. 들어보니 양가 부모님도 사정상 전적으로 아
이를 맡아주시기 어렵고, 어린이집을 보내려고 해도 등·하원 도
우미가 필요한 상황이다. 양가 부모님들은 아이가 너무 어리니 어
린이집 대신 베이비시터를 구하라고 하신다는데, 시터비를 월급
에서 빼고 나면 남는 것도 없단다. A는 언제까지 일할 생각이냐는
내 질문에 이렇게 답했다. "아이가 초등학교 들어가기 전까지."

육아휴직 후 복귀하면 아이는 이미 우리 나이로 2~3살인데
1~2년을 시터비로 온전히 월급을 쏟아 붓고 나면 초등학교 입학
까지 2~3년밖에 남지 않는다. 고작 2~3년 돈을 벌기 위해 그 어
려운 선택을 하겠다는 친구를 뜯어말렸지만 친구에겐 그것이 최

선의 선택임을 나는 이미 알고 있다.

'왜 아이가 초등학교에 입학하면 엄마가 회사를 그만둬야 할까?' 얼마 전까지는 나도 몰랐다. 아이 혼자 등하교도 가능할 테고, 방과후교육도 잘 되어 있다는데 왜 지금보다 더 힘들다는 건지 이해가 안 됐다.

입학 시즌을 앞두고 맘까페에는 "○○ 초등학교 돌봄 신청 당첨됐어요", "극적으로 추가 당첨됐어요", "돌봄 신청 떨어졌는데 차량 지원되는 학원들 추천 부탁드려요" 등의 글이 도배됐다. 일하는 엄마를 울리는 글들이다.

각 초등학교에서 맞벌이 부부 자녀를 위해 저녁 시간까지 아이들을 돌봐주는 프로그램을 진행하지만 전 학년 통틀어 적게는 30~100명 정도 수준이다. 한 학년에 10명도 안 되는 아이만 이용할 수 있다고 하니 거의 로또 수준이다. 추첨일 정시에 입실하지 않은 워킹맘은 추첨권도 없으니 그야말로 하늘에 별 따기다.

돌봄 신청에 떨어지면 요일마다 학원을 돌릴 수밖에 없다. 요즘 엄마들이 교육열이 넘쳐나서 사교육 열풍이 분다고 하지만, 일부는 교육열 때문이 아니라 다른 방안이 없어서다. 이렇게 사교육 풍차 돌리기를 하면 또다시 월급은 통장을 스쳐 지나갈 뿐이다. 이러니 워킹맘이 초등학생 자녀를 두고 버틸 재간이 없다. 퇴사 혹은 월급 외의 플러스알파(α)를 준비할 수밖에 없는 이유다.

# 소액 투자로
# 임대수익을 벌자

✦

이제 엄마들에게 월급과 별도의 추가 수익 창구를 마련하는 건 선택이 아닌 필수다. 퇴사를 하든, 일하며 사교육과 돌봄 비용을 감당하든 어떤 선택을 하든지 말이다.

"지금 당장 내가 살 집도 없는데 수익형 부동산이요? 부자들만하는 거 아닌가요?" 수익형 부동산이 우리가 아는 건물, 상가만 있는 것은 아니다. 임대를 주고 월세를 받아 수익을 낸다면 어떤 형태든지 수익형 부동산이 될 수 있다.

부동산 형태에 따라, 위치에 따라, 수익 정도에 따라 얼마든지 소액으로도 투자할 수 있으니 다양한 접근 방법을 알고 나에게 맞는 투자 대상을 선택하는 것이 필요하다. 관건은 장기적이고 안정적으로 얼마나 높은 수익률을 올릴 수 있는가다.

1억 이하의 투자금을 가지고 있다면 오피스텔이나 도시형생활주택, 공장형 오피스텔, 소형 빌라, 게스트하우스, 셰어하우스에 투자가 가능하다.

가장 보편적인 것이 오피스텔이다. 소액 투자가 가능하고, 수요가 많은 지역이라면 공실 위험을 피하면서도 높은 수익률을 기대할 수 있다. 부동산 빅데이터 플랫폼인 부동산114에 따르면 2018년 상반기 기준 전국 오피스텔 임대수익률은 평균 5.15%로 에금금리를 크게 웃돌았다. 과거보다 임대수익률이 하락하고 있지만, 이젠 임대수익률뿐 아니라 시세차익도 기대할 수 있어 투자가 몰리고 있다.

다만 주거용이냐 업무용이냐에 따라 세금이 달라 꼼꼼히 살펴봐야 한다. 업무용이라면 주택 수에 포함되지 않아 종부세 대상이 아니고 양도세 중과 대상도 아니다. 다만 부가가치세는 내야 한다.

주거용이라도 5년간 임대사업을 하면 종부세와 4.6%의 취득세 역시 면제받는다. 재산세 감면과 부가가치세 면제 혜택도 있으나 반대로 건강보험료와 종합소득세를 내야 하므로 무엇이 더 이익인지 파악해봐야 한다.

입지가 좋은 곳에 있는 소형 빌라를 매입해 월세 수익을 얻는 것도 방법이다. 신축 빌라는 주차장 등 편의시설이 갖춰져 젊은 층에게 인기다. 만약 건축되고 시간이 꽤 흐른 물건이라면 입지와 토지 지분을 보고 장기적인 재개발 투자로 접근하는 것도 방법이 될 수 있다. 단 약간의 리모델링은 필요하다.

나 역시 입지가 좋은 지역의 빌라 투자를 알아본 적 있다. 주변에 개발 호재가 많고 역에서 가까워 월세 수요도 많은 곳이었다. 그 지역 아파트 가격은 내가 쳐다볼 수 없지만 빌라 가격은 상대적으로 저렴해 접근하기도 좋았다.

해당 지역의 빌라 매물을 몇 군데 살펴봤다. 솔직히 신축 빌라가 눈에 들어왔다. 하지만 신축의 경우 시간이 지나면 감가가 될 테고, 해당 구역에 신축 빌라가 많으면 재개발이 쉽지 않다는 점을 감안해 지어진 지 30년 된 빌라를 택했다.

내가 매입한 빌라는 그야말로 귀신이 나올 것 같은 허름한 빌라였다. 하지만 위치가 워낙 좋고 내부 리모델링이 어느 정도 되어 있어 바로 세입자를 구할 수 있었다. 지금은 갭투자로 시작하지만 향후 돈을 모아 전세보증금을 확보하면 반월세에서 월세로 전환해 월세 수익을 늘려갈 계획이다. 월세 수익과 함께 재개발도 기대할 수 있어 1석2조 투자라고 생각한다.

오피스텔과 빌라는 저렴해 소액 투자로 높은 임대수익을 얻을 수 있다는 장점이 있지만, 아파트와 비교하면 상대적으로 매매수요가 적어 급하게 팔고 싶을 때 팔기 어려울 수 있다는 점은 염두에 둬야 한다.

주거용과는 차이가 있는 공장형 오피스텔도 있다. 굴뚝 없는 공장이라 불리는 지식산업센터 내 공장형 오피스텔은 입지만 좋으면 저렴한 비용으로 높은 수익률을 확보할 수 있다. 삼성전자 공장이 위치한 수원의 경우에는 하청 업체의 수요가 많아서 공장형 오피스텔 공실률이 제로에 가깝다. 매물이 잘 나오지 않는 곳 중 하나다.

시장에 매물로는 거의 나오는 일이 없지만 가끔 경매로 입지가 좋은 공장형 오피스텔이 나오는 경우가 있다. 물론 경쟁률은 어마어마하고 낙찰가도 시세보다 높게 형성된다. 하지만 잘 잡은 물건 하나가 평생 효자 역할을 하기도 해 이런 매물만 기다리는 경매 투자자들도 있다.

이 밖에도 주택 한 채를 매수해 가 방에 임대를 주고 주방과 거실, 화장실을 공동으로 사용하는 형태의 셰어하우스, 외국인 관광객들이 많이 찾는 서울 중심에 다가구주택을 임대해 재임대 하는 형식의 게스트하우스 등도 새로운 투자 대안으로 떠오르고 있다.

## 상가 주인이 꿈이라면
## 상가주택을 노리자

✦

요즘 초등학생들에게 장래희망을 물으면 빌딩 주인이라고 한단다. 그만큼 건물주는 모든 이의 꿈이 되어버렸다.

지금 당장 빌딩 한 채가 나에게 떨어지기 힘들다면 앞서 살펴본 소액 투자로 자금을 마련하고 더 나아가 상가나 상가주택, 다가구주택 등을 통해 단계적으로 올라가자.

상권이 이미 형성되어 있고 매출이 높은 상가는 사실 비싸다. 하지만 높은 수익률을 기대할 수 있기 때문에 초기 대출이자와 월세를 고려해 과감하게 기회를 잡는 것도 방법이다.

기대수익률은 낮아도 안정적인 수익이 가능한 근린 상가나 아파트 단지내상가도 인기가 있다. 주거와 가까이 위치한 상가이기 때문에 공실 가능성이 떨어진다.

실제 이웃이 오래된 우리 아파트 단지내상가 지하 3평 남짓한 구석 자리를 샀다고 했다. 처음엔 이해가 안 됐지만 옆에 위치한 마트에서 판매 물건을 쌓아 둘 창고용으로 임대를 하고 있는 공간이었다. 수년 전 3000만 원으로 산 3평짜리 공간이 월 30만 원의 수익을 내고 있으니 효자가 아닐 수 없다.

상가주택은 신도시 중심으로 지난해 큰 인기를 끌었다. 1층에는 상가가 있고, 2~4층에는 주택이 있는 건물 형태다. 4층에 주인이 직접 들어가서 살고, 1층 상가 임대와 2~3층 주거 임대를 추가하면 임대료가 쏠쏠하기 때문에 노후 대비 투자 대상으로 각광받았다. 지금 살고 있는 집을 팔고 들어가면 되기 때문에 투자금액을 크게 줄일 수 있다는 점도 장점이다.

얼마 전에는 강북구에 5억대 상가주택이 매물로 나와 보러 간 적이 있다. 지하~3층까지 건물 하나가 5억대라니 혹할만 했다. 물론 위치는 상권과는 거리가 먼 주택가였다. 지하 1층과 지상 2층은 교회가, 1층은 애견샵과 인테리어 가게가 임대로 들어와 있었고 3층에 주인이 살고 있었다. 전반적으로 상가 임대료는 상권이 아닌지라 싼 편이었다. 대지면적이 30평인 5억 7000만 원짜리 빌딩을 사서 3층에 내가 실거주하면서 전체 보증금 3300만 원에 200만 원 정도의 월세를 받을 수 있는 것으로 계산이 나왔다. 우리 부부는 아이를 돌봐주시는 친정과 떨어질 수 없어 실거주가 어려우니 3층 주택에 전세를 주는 방안도 생각했다. 결과적으로는 그 당시 다른 물건에 투자하게 돼서 매매를 하지는 못했지만, 지역을 포기하면 나에게 안정적인 수익을 안겨줄 상가주택도 있다는 걸 알게 된 계기였다.

만약 상가주택을 매입한다면 양도세를 고려해야 한다. 상가가 차지하는 면적이 집 면적보다 넓으면 상가로 보기 때문에 2년 이상 보유 후 매도하더라도 양도차익에 따라 6~40%의 양도소득세를 내야 한다. 반대로 집 면적이 넓으면 집으로 보기 때문에 주택수에 포함되고, 1가구 1주택이면서 2년 거주 후 매도한다면 양도세를 내지 않아도 돼서 정확한 판단이 필요하다.

다가구주택은 사실 남편의 꿈이다. 단독주택으로 분류되기 때문에 여러 세대가 공동으로 거주하더라도 구분소유가 불가능해 통째로 사야 한다는 부담이 있다. 하지만 세대별로 별도의 방, 부엌, 화장실, 출입구 등을 갖춘 3층 이하 주택으로 19세대까지 건축할 수 있다.

서울 시내 가격이 부담스러워 서울 변두리 지역이나 수도권으로 넓혀본다면 1실당 30만~50만 원의 월세만 받더라도 10세대 기준 300만~500만 원의 월수입을 올릴 수 있다. 공실 없이 제대로만 운영한다면 월급 이상의 수익을 기대할 수도 있는 것이다.

하지만 건물을 통째로 매수해야 하는 만큼 초기 자금이 많이 들어간다는 점에 유의해야 한다. 또 건물의 노후도와 수리보수 가능성 등을 꼼꼼히 따져봐야 골치 아플 일이 없다.

# 최대한
# 비용을 아끼자

"1,000원만 깎아주세요~", "그렇게 팔면 남는 것도 없어요", "남는 게 왜 없어요. 주세요~." 어렸을 때 어디서든 가격을 두고 흥정을 하는 엄마의 모습을 보면서 창피했던 적도 있었다. 하지만 20년 지난 지금 내가 똑같은 말을 하고 있다.

주변의 많은 엄마가 이런 자투리 돈은 아끼면서 큰돈에는 관대하다. 시장에 가서 할머니들에게 채소나 과일 몇천 원어치 사면서 깎아 달라고 하고, 은행수수료 700원, 1,000원 푼돈은 아까워하면서 결혼, 출산, 교육 등 큰돈을 지출하는 부분에서는 지갑을 턱턱 열어댄다.

결혼을 준비할 당시 예물을 하러 매장을 찾았다. 반짝이는 각종 보석들 위로 수백, 수천만 원이 오가고 있었다. 대부분은 예비 신랑과 예비 신부, 시부모님이 함께 예물을 고르고 있었다. 그 자리에서는 주는 사람도, 받는 사람도 가격을 깎아달란 말을 꺼내기 쉽지 않으니 터무니없이 비싼 가격도 척척 거래가 성사된다. "디자인은 마음에 드는데 가격이 너무 비싸네요. 깎아주세요"라는 내 말에 사장님이 눈을 동그랗게 뜨며 "이런 예비 신부는 처음 본다"며 놀란 이유다. 나는 예비 신부답지 않게 사장님과의 질긴 협상 끝에 내가 원하는 가격에 원하는 물건을 살 수 있었다.

육아용품도 마찬가지다. 아이 것은 좋은 것을 사겠다며 백화점을 찾는 예비 부모가 많지만, 백화점은 정찰제라며 애꿎은 지갑만 열었다 닫았다 한다. 백화점은 정찰제라는 인식이 있지만 백화점도 경우에 따라선 각종 상품권과 점원의 직원 할인을 총동원해서 가격을 낮출 수 있다.

엄마들의 가장 큰 고민이자 골칫거리인 교육비도 마찬가지다. 교육비는 절대 깎을 생각조차 하지 않는다. 높은 가격이 대수랴, 우리 아이의 교육을 위해서라면 얼마든 지불할 용의가 있다. 내가 취업 준비 중 과외로 용돈벌이를 할 당시 더 이상 과외를 할 시간이 없어 그만하겠다고 하자 학생의 어머니는 얼마면 계속 해주겠냐고 물었다. 정말 못하겠다는 의미로 큰 액수를 말했는데, 덜컥 건네주는 걸 보고 눈먼 교육비를 체감했다. 살다 보니 이렇게 눈먼 돈이 많더라.

# 무시 못 할
# 중개수수료 줄이기

+

부동산 거래를 하다 보면 집값과 별도로 들어가는 비용이 만만치 않다. 게다가 부동산 가격이 상승하면서 각종 비용은 거래가액의 요율로 반영되기 때문에 한없이 치솟기 마련이다.

가장 먼저 떠오르는 것이 부동산 중개보수, 우리가 복비라고 부르는 비용이다. 한국공인중개사협회에 따르면 서울에서 주택 매매의 경우 거래가액에 따라 0.4~0.9%가 상한 요율로 지정되어 있다. 3억 원짜리 집 한 채를 사면 부가세를 제외하고도 120만 원의 중개료를 내야하고, 9억 원짜리 거래는 최대 810만 원까지도 요구받을 수 있다. 일부 공인중개사는 10% 부가세까지 붙여 계산서를 내놓으니 이렇게 당황스러울 수가 없다.

과거에는 각 공인중개사만 가지고 있는 물건들이 있기 때문에 마음에 든 물건을 거래하려면 꼭 해당 중개사를 통해서만 해야 했다. 하지만 최근엔 매물 정보가 모두 공유되기 때문에 다른 부동산에서 해당 물건을 계약하면 그만이다. 이 사실을 공인중개사 측도 알기 때문에 자금 여력에 따라 합리적인 수준의 가격 흥정은 애교로 통한다.

또 실거주가 아니라 투자 목적일 때는 매매와 임대계약을 모두 하는 경우가 있다. 이 경우엔 모르면 매매와 임대에 대한 복비를 둘 다 낸다. 하지만 매매계약 전에 "임대계약에 대한 복비는 그냥

해주실 거죠?"라고 애교 섞인 말 한마디면 대부분 그렇게 해준다.

매매계약과 세입자 측의 수수료만으로도 공인중개사는 충분히 만족하고 있으니 모두 흔쾌히 수락한다. 또 매수자가 만족하면 향후 매도할 때나 다음 세입자를 구할 때 또다시 해당 공인중개사를 찾을 테니 말이다.

해당 지역에서 추가 투자를 원할 때는 좋은 물건이 있으면 정보를 부탁한다는 의미로 공인중개사에게 충분한 비용을 지불하는 것도 미래가치를 위한 비용이 될 수 있다. 판단은 본인의 몫이다.

만약 공인중개사가 원하는 비용을 모두 지불했다면, 혹은 양쪽이 만족할 만한 수준에서 비용 협의가 됐다면 현금영수증을 요구해 소득공제를 받을 수도 있다.

## 주택 중개수수료율

| 거래 내용 | 거래 금액 | 상한 요율(%) | 한도액 |
|---|---|---|---|
| 매매·교환 | 5000만 원 미만 | 0.6 | 25만 원 |
| | 2억 원 미만 | 0.5 | 80만 원 |
| | 6억 원 미만 | 0.4 | 없음 |
| | 9억 원 미만 | 0.5 | 없음 |
| | 9억 원 이상 | 0.9 이하 협의 | |
| 임대차 등 (매매·교환 이외의 거래) | 5000만 원 미만 | 0.5 | 20만 원 |
| | 1억 원 미만 | 0.4 | 30만 원 |
| | 3억 원 미만 | 0.3 | 없음 |

| 거래 내용 | 거래 금액 | 상한 요율(%) | 한도액 |
|---|---|---|---|
| 임대차 등<br>(매매·교환 이외의 거래) | 6억 원 미만 | 0.4 | 없음 |
| | 6억 원 이상 | 0.8 이하 협의 | |

# 취득세는
# 카드포인트로

+

부동산 매매 잔금일이 되면 집값 말고도 나가는 돈이 술술이다. 그중 하나가 취득세다. 매매가격과 주택 면적에 따라 세율이 다른데 최소 세율이 적용되는 $85m^2$ 이하, 6억 원 이하 주택의 경우 1.1%다. 만약 $85m^2$ 이하, 6억 원짜리 집을 살 경우 취득세로 660만 원을 내야 한다. 취득세는 세금이니 흥정도 불가능하다.

하지만 흥정 없이 취득세를 줄일 수 있는 팁이 있다. 최근에 취득세를 카드로 결제할 수 있게 되면서 생긴 방법이다. 한꺼번에 취득세를 납부하기 부담스럽다면 무이자 할부 카드 결제로 부담을 줄일 수 있다. 일부 카드 회사에서 허용되는 포인트 결제를 이용하면 취득세 비용까지 줄일 수 있다. 사설 판매점에서 카드사와 같은 계열회사의 백화점상품권을 할인받아 산 후, 카드포인트로 전환해 포인트 결제를 하면 할인율만큼 취득세 비용을 절약할 수 있다.

사실 편법이긴 하지만 아는 사람들은 이미 꽤 이용하고 있는 방법이다. 만약 사설 판매점에서 상품권 할인율이 2~3%라고 하고, 취득세가 660만 원이라면 13만 2,000원~19만 8,000원까지 절약할 수 있다.

## 주택 취득세율

| 거래 금액 | 주택 면적 | 취득세 | 농어촌특별세 | 지방교육세 | 합계 세율 |
|---|---|---|---|---|---|
| 6억 원 이하 | 85㎡ 이하 | 1.0% | 비과세 | 0.1% | 1.1% |
| | 85㎡ 초과 | 1.0% | 0.2% | 0.1% | 1.3% |
| 9억 원 이하 | 85㎡ 이하 | 2.0% | 비과세 | 0.2% | 2.2% |
| | 85㎡ 초과 | 2.0% | 0.2% | 0.2% | 2.4% |
| 9억 원 초과 | 85㎡ 이하 | 3.0% | 비과세 | 0.3% | 3.3% |
| | 85㎡ 초과 | 3.0% | 0.2% | 0.3% | 3.5% |

# 법무사 비용 아끼는
# 셀프등기

✦

잔금일에 등기를 대행해주는 법무사에게 지불하는 비용도 만만찮다. 기본 수수료 7만 원에 부동산 과세표준액에 따라 누진 계산해 수수료를 결정한다. 여기에 상담비, 교통비, 일당, 등기원인증서 작성비, 부동산거래신고 대행료, 취득세와 등록면허세 신고 및 납부 대행료, 등기에 관한 제증명 신청 비용 등의 명목으로 각각 몇만 원씩 할당하면 법무사비도 수십만 원에서 수백만 원에 달한다. 그야말로 부르는 게 값이다.

보통은 계약하는 공인중개사가 법무사를 부르기 때문에 잔금 당일 법무사비에 대한 협상의 여지가 없다. 만약 매도자의 담보대출이 있었거나 본인이 신규 담보대출을 설정할 경우, 혹은 스스로 등기하기에 부담이 크다면 온라인 법무 사이트에 견적을 요청하고 법무사를 배정받으면 법무사비를 많이 아낄 수 있다.

셀프등기에 도전하겠다면 등기에 필요한 서류를 미리 준비해 잔금일 당일 순서대로 처리하면 된다. 요즘은 대법원 인터넷등기소 사이트(www.iros.go.kr)에서 'e-Form 신청하기'를 이용하면 편하다. e-Form에서 제시하는 빈칸에 매매 관련 정보를 채워 넣으면 양식에 맞춰 서류를 출력할 수 있다.

잔금일에는 부동산중개업소에서 부동산거래계약신고필증과 매도자의 위임장과 인감증명서, 매도용 인감증명서, 등기필증, 주민등록필증을 챙겨야 한다. 또 미리 준비한 소유권이전등기신청서에 매도자 도장을 받는다. 혹시 서류가 잘못됐을 경우에 대비해 작성하지 않은 위임증과 신청서를 여러 장 복사해 매도자 인감도장을 받아가는 것도 팁이다.

해당 주택에 근저당권이 있으면 은행을 방문해 승계 혹은 말소해야 한다. 여기 필요한 서류는 근저당권을 승계할 경우 나의 주민등록증, 인감도장, 인감증명서, 주민등록초본이 필요하고 말소하는 경우에는 매도자의 것이 필요하다.

이후 시·군·구청에서 집합건축물대장, 토지대장, 취득세 납부서를 민원봉사실에서 받아 작성해 제출한 후 취득세 고지서를 받으면 된다. 그러면 다시 은행에 가서 취득세를 납부하고 국민주택채권을 사야 한다. 은행에서는 취득세 영수필 확인서와 국민주택채권 매입필증을 챙긴다.

만약 앞서 설명한 카드포인트로 취득세를 결제한다면 은행 ATM기에서 카드 납부를 누르고 포인트 결제를 하는 방법이 있고, 위택스(www.wetax.go.kr)에서 납부 번호를 조회해 카드 결제를 하는 방법도 있다. 온라인 납부 시에도 취득세 납부 확인서를 출력해야 한다는 걸 잊지 말자.

이후 법원에 가서 정부수입인지를 부동산 매매가격별 인지 세액에 맞춰 구매하고, 등기신청수수료를 내야 한다. 또 매도자의 친필 서명과 인감도장이 날인된 소유권이전등기신청서 갑지와 을지를 작성하면 모든 서류 작성은 끝난다.

전 과정에서 확보한 서류를 순서대로 정리해 묶어 제출하면 소유권이전등기 신청이 완료된다. 누군가는 중개업소부터 구청, 은행, 법원까지 왔다 갔다 하기 힘들고 복잡하다는 이유로 법무사 비용을 내는 것이 낫다고도 한다. 하지만 모든 일이 그러하듯 처음 한 번이 어려우니 인내심을 갖고 도전해보는 건 어떨까.

# '잘테크'의 정석,
# 경매를 눈여겨보자

세상 사는 이야기를 듣다 보면, 혹은 각종 뉴스와 사건 사고를 접하다보면 어김없이 '돈 때문에'라는 말이 나오곤 한다. 어떤 사람은 하룻밤 수천만 원 짜리 호텔에서 묵으며 누군가의 1년 치 연봉을 써버리고, 어떤 사람은 오늘 하루 내 몸을 맡길 집 한 채가 없어 하룻밤 만 원짜리 낡은 여관방에서 지낼 수밖에 없다. 극단적인 예를 들었으나, 모두 돈 때문이다.

그렇다면 같은 돈을 벌면 씀씀이가 같을까. 나와 비슷한 연봉을 받는 내 싱글 친구는 여행과 외식, 문화생활, 쇼핑에 큰 비용을 지불한다. 월급을 받아 마음에 드는 옷과 가방을 사고 한껏 기분 좋게 한 달을 또 버텨낸다. 나를 위한 선물을 하고, 나를 치장해 다른 사람에게 멋지게 보이는 것이 친구의 낙이다. 결국 소비는 친구를 버틸 수 있게 해주는 힘이다.

나는 어떤가. 분명 같은 돈을 벌지만 최대한 통장에 쌓아 놓기 위해 고군분투다. '내가 어떻게 번 돈인데…' 많은 짐을 짊어지고 번 돈을 쉽게 내보낼 수가 없다. 통장에 찍힌 월급을 보며 나를 위로한다. 결국 통장에 쌓아둔 잔액이 나를 버틸 수 있게 해주는 힘이다.

얼마를 가지고 있느냐도 중요하지만 그 얼마를 어떻게 벌었냐도 내 생활에 많은 영향을 미친다. 사실 부모님께 용돈을 받아 생활하던 중고등학교 시절에는 돈을 쓰는 것이 아까운 줄 몰랐다. 많은 돈을 손에 쥐고 있는 것은 아니었지만, 주어진 돈을 잘 나눠서 정해진 기간 동안 다 쓰는 것이 목표였다.

하지만 대학에 들어가 과외를 해서 내가 직접 용돈을 벌어 쓰기 시작한 후로는 함부로 돈을 쓰기가 어려워졌다. 내가 시간을 빼서 힘들게 번 돈이라는 생각이 내 지갑을 닫게 했다.

취업하고 싱글로 살아갈 때는 좀 덜했지만 요즘 대학 때 생각이 난다. 주변 전업맘들은 직접 돈 벌면 자유롭게 쓸 수 있지 않냐고 반문하지만, 오히려 반대다. 내가 돈을 벌기 위해 포기하는 것이 많을수록 이 돈을 더 지키고 싶은가 보다.

# 시세보다 싸게 집을 사는
# 경매 투자

✦

나에게 소비는 '안 쓰는 것(짠테크)'이 아니라 '잘 쓰는 것(잘테크)'
이다. 무조건 가둬놓고 아무것도 안 하면 우리 가족 삶의 질을 높
이기 위해 돈을 버는 나의 삶이 의미 없어지기 때문이다. 다만 같
은 소비도 더 싸게 잘 하는 것이 목표다.

내가 생각하는 돈의 가치에 최적화된 투자처가 부동산 경매다.
부동산 경매는 돈을 빌린 사람이 약속한 날까지 돈을 갚지 않으면
채권자가 담보 부동산을 경매에 넘겨 자신이 빌려준 돈을 되찾는
과정을 거친다. 감정가에서 시작하지만 낙찰이 결정되지 않고 무
효로 돌아가는 유찰이 될 때마다 지역에 따라 20~30%씩 최저 가
격이 내려가기 때문에 시세보다 싸게 살 수 있다.

그런데도 여전히 부정적인 인식이 많다. "경매로 산 집은 찜찜
한데요", "경매는 불쌍한 사람들을 쫓아내는 나쁜 일 같아요"라고
얘기하는 사람이 여전히 많다. 하지만 고리타분한 고정관념일 뿐
이다. 오히려 돈을 빌려주고도 받지 못하는 채권자를 생각하면 그
들에게 도움이 되는 일이 될 수도 있지 않나. 모든 일은 생각하기
나름이다.

경매는 너무 어렵지 않느냐고 묻는다면, 맞다. 일반 매매보다는
어려울 수 있다. 그렇다고 해서 일반인이 범접하지 못할 정도는
아니다. 기본적으로 화인해야 할 서류들을 어디서 어떻게 찾는지

와 서류를 분석하는 방법, 물건에 설정되어 있는 다양한 권리 중에서 우선하는 권리 찾는 법에 대해 공부한다면 아파트나 단순한 권리관계를 가진 물건들은 쉽게 접근할 수 있다.

요즘은 경매에 관한 도서도 많고, 각종 강의도 많다. 나는 일주일에 한 번 직접 강의를 들으러 갔는데 두세 달 정도만 투자하면 경매의 기본을 익힐 수 있다.

그렇다면 위험하지 않을까, 당연하다. 하지만 일반 부동산 매매도 위험하기는 마찬가지다. 중개사만 믿고 매매계약을 했다가 사고가 나는 경우도 다반사이지 않나. 철저하게 권리관계를 분석하고 현장 답사를 통해 현재 상황을 파악한다면 문제 될 것이 없다. 간혹 권리관계가 너무 복잡한 물건에는 군이 손을 대지 말자. 좋은 물건은 얼마든지 많다. 또 일부 컨설팅을 받는 방법도 추천한다.

# 포기하기엔 아까운
# 부동산 경매의 장점들

✦

부동산 경매는 부동산 경기가 좋을 때나 나쁠 때나 장점이 있다. 부동산 경기가 좋다면 시간이 지날수록 감정가보다 시세가 올라가면서 시세차익을 더 크게 볼 수 있다. 특히 부동산 가격 상승기에 경매가 몇 차례 유찰되거나 연기된다면 더할 나위 없이 좋다.

2017, 2018년처럼 부동산이 상승장일 때 경매물건들은 아주 매

력적이다. 감정가는 이미 정해져 있고, 자고 일어나면 부동산 가격이 몇천만 원씩 올랐기 때문이다. 하지만 그만큼 경쟁이 심하기 때문에 정말로 낙찰받으려면 시세보다 조금 싸게 산다고 생각하고 뛰어들어야 한다.

반대로 부동산 침체기에는 감정평가액도 하락하고, 낙찰에 실패해 유찰이 이뤄질 경우 감정가 대비 최저 가격이 하락하기 때문에 또 다른 기회를 잡을 수 있다. 지금 부동산 부자 중엔 IMF와 금융위기 이후 부동산시장이 침체기일 때 경매로 더 싸게 부동산을 사들인 사람들이 많은 것만 봐도 알 수 있다.

일반 부동산시장에서 찾아보기 힘든 매물도 경매시장에서 만날 수 있다. 예를 들어 재건축이 결정된 물건도 간혹 경매에 나온다. 이런 물건은 경쟁률이 높고 가격이 시세보다도 높게 형성되지만, 없어서 못 사는 물건이기 때문에 미래가치를 보고 경매에 참여하기도 한다.

실제로 2018년 1월 서울 송파구의 장미1차아파트 경매에는 수십 명의 응찰자가 몰리면서 감정가격 10억 4000만 원보다 7억 원이나 높은 17억 1782만 원에 낙찰되기도 했다. 시세와 비슷한 가격에 낙찰돼 저렴하게 살 수 있다는 경매의 장점을 누리지 못했지만, 낙찰자는 시장에서 살 수 없는 물건을 샀다는 데 만족했을 거다.

특히 일반 시장에서 재건축 단지의 조합이 설립된 후에는 조합원 지위를 양도할 수 없으나, 경매로는 조합원 지위를 승계할 수 있는 점도 큰 장점이다. 분양권의 전매제한 기간일지라도 경매로 소유권을 취득할 수 있다는 것도 알아두면 해당 물건을 잡을 수 있다.

또 명동에 위치한 상가처럼 천문학적인 월세 수익을 받을 수 있는 지역 상가는 상속이 아니고선 절대 일반 부동산시장에 매물로 나오지 않지만, 경매라면 말이 달라진다. 아파트형공장이라든지 수익성이 좋은 물건들도 마찬가지다. 상가나 오피스텔의 경우 주거용이 아니면 취득 시 부가세를 내야 하지만, 경매로 취득한 경우 부가세가 면제되는 혜택도 있다.

일반 부동산시장에서 매입할 때보다 대출이 많이 나오는 점도 장점으로 꼽힌다. 아파트나 빌라는 대출 비율이 일반 시장과 같지만 오피스텔, 상가, 토지, 공장 등은 감정가격의 70~80%까지 대출할 수 있기 때문에 레버리지 효과를 누릴 수 있다.

토지 경매의 경우 누릴 수 있는 장점도 많다. 우선 투기 방지 등을 위해 실수요 여부를 따져 허가를 받아야 하는 토지거래허가구역일지라도 경매로 취득할 때는 허가 없이 땅을 매입할 수 있다. 경우에 따라서는 법정지상권으로 토지만 낙찰받고 건물은 덤으로 싸게 구입하는 방법도 있다.

# 경매 서류만 잘 찾아도
# 한 달 월급을 아낄 수 있다

워킹맘에겐 꼭 필요한 필수 정보들이 있다. 정보에 대해 잘 알지 못해도 어디서 어떻게 찾아서 어떤 절차를 밟는지만 알아두면 어려울 것이 없다.

경매에서도 마찬가지다. 나도 누군가처럼 재테크 여왕이 되겠다고 마음먹고 경매에도 관심을 갖기 시작했다. 하지만 경매 절차와 방법 등에 대해 아무것도 아는 게 없었다. 제일 먼저 책을 사들이기 시작했다.

경매 관련 책자는 너무도 많고 관련 서류에 대한 설명과 경매 절차 같은 기본 정보는 어디서든 쉽게 찾아볼 수 있었다. 하지만 책만으로는 해결 안 되는 갈증이 있어 전문가 강의를 신청했다.

사실 내가 직접 경매에 참여하지 않는 방법도 있다. 일반 부동산 매매를 할 때 공인중개사에게 수수료를 내고 거래 절차를 맡기듯, 경매에서도 컨설팅 회사에 수수료를 내고 경매 절차를 진행할 수 있다.

컨설팅 회사마다 다르지만 아파트의 경우 낙찰가의 1% 정도가 일반적이다. 적지 않은 돈이지만 점유자를 내보내는 명도 절차까지 모두 처리해주니 안전하고 손쉬운 방법이기도 하다.

하지만 2억짜리 물건을 낙찰받으면 수수료만 200만 원, 4억짜리는 400만 원이다. 힘들게 벌면서도 또 다른 알파 수입을 얻겠다고 경매 공부까지 시작했는데 한 달 치 월급을 수수료에 쏟아 붓자니 정말 아까웠다. 그래서 답은 공부였다.

수업료가 저렴하지는 않았지만 전문가 강의에 투자하기로 했다. 그런데 기대를 안고 참여한 강의 첫 시간. 내가 많은 책에서 수도 없이 봐왔던 서류 찾는 방법만 설명하는 게 아닌가. 그러고는 숙제로 물건 두 개에 대한 모든 서류를 준비해 오도록 했다. 그다음 시간도 마찬가지였다.

숙제는 8번의 강의가 끝날 때까지 계속됐다. 처음에는 '왜 이런 숙제와 강의만 하지?' 싶기도 했지만 의구심이 어느덧 확신으로 바뀌었다. 내가 이 서류들만 어려움 없이 다 준비하고, 분석할 수 있다면 문제 될 게 없다는 것을 알게 됐기 때문이다.

물론 강의가 진행될 때마다 서류를 분석하는 방법과 권리관계에 대해 더 배울 수 있었지만, 내 손 안에 물건 분석 자료가 모두 있다는 것만으로도 자신감이 넘쳤다.

# 경매의 시작은
# 물건 검색

✦

내가 직접 원하는 물건을 찾으려면 대한민국법원 법원경매정보 사이트(www.courtauction.go.kr)에 들어가 무료로 볼 수 있다.

사이트 내 '경매물건' 카테고리에 들어가면 로그인 없이도 법원, 소재지, 사건번호, 입찰 구분, 용도, 감정평가액, 면적, 유찰횟수, 최저매각가격 등 다양한 기준을 설정해 상세 검색을 할 수 있다.

특히 '나의경매' 카테고리에서는 일정관리, 관심물건, 자주 쓰는 검색 등의 기능을 이용해 쉽게 나에게 맞는 물건을 찾아 검토할 수 있다. 하지만 쏟아지는 물건을 모두 꼼꼼히 살펴보기는 쉽지 않다. 한 경매 전문가는 경매 과정에 있어 팔 할은 빠르게 원하는 물건을 검색하는 것이라고 했다.

법원경매정보에서 원하는 물건이 나왔을 때 클릭하면 해당 물건 분석에 필요한 매각물건명세서, 현황조사서, 감정평가서도 실시간으로 검색할 수 있기 때문에 한꺼번에 많은 정보를 얻을 수 있다는 것도 장점이다.

최근에는 경매 정보 관련 어플도 많이 생겼다. 내가 이용하는 한 컨설팅 업체의 어플은 원하는 조건을 저장해 해당 조건에 부합하는 물건들만 볼 수 있어 편리하다. 검색 조건 저장도 여러 가지를 할 수 있어 서울 3~4억 원 전용면적 $40\,m^2$ 이하 아파트, 수도권 3~5억 원 단독주택 등 다양한 소건에 맞춰 쉽게 물건을 찾을 수 있다.

무료가 아니라도 좀 더 편하게 물건 정보를 얻고 싶다면 유료 경매 정보 사이트를 이용하면 된다. 유료인 만큼 경매 관련 각종 정보와 내용도 제공하고, 전문가들이 꼽은 추천 물건과 각 물건의 위험도도 제시한다. 물건을 검색할 시간이 부족한 경매 초보 워킹맘이라면 고려해볼 만하다.

## 권리분석에 필요한 서류들

✦

물건은 찾았는데 권리관계를 분석하는 것이 막막할 수 있다. 컨설팅을 맡긴다고 하더라도 기본적으로 스스로 분석할 수 있어야 한다. 우선 등기부등본으로 불리는 등기사항전부증명서는 경매나 일반 부동산 매매에서 필수적으로 검토해야 할 문서다. 부동산을 매매할 때 공인중개사만 믿고 등본조차 확인하지 않고 계약하는 사람들이 꽤 있다. 등본은 계약 직전 최신본으로 열람하는 것이 가장 정확하다. 인터넷등기소에서 물건지 주소를 검색하고 700원을 결제하면 열람할 수 있다.

등기부등본은 표제부, 갑구, 을구 세 가지 항목으로 구분되어 있는데 표제부에서 물건의 내용, 갑구에서 소유권 사항, 을구에서 근저당 등 소유권 외의 권리들을 확인할 수 있다.

민원24 사이트(www.gov.kr)에서 찾아볼 자료도 많다. 건축물대장, 토지대장, 토지이용계획확인원, 지적도 등을 볼 수 있다. 건축물대장에는 건물 면적, 구조, 용도, 연면적, 건폐율, 용적률, 건축 연도 등의 정보가 있는데 등기부등본과 비교해 미등기 건물 존재 여부를 확인할 필요가 있다. 또 건축법상 위반 사항이 있는지와 낙찰 후 발생할 수 있는 강제이행금 발생 가능성도 확인하자.

단독주택이나 토지 물건을 검색할 경우에는 토지대장을 기초로 등기부등본이 작성되기 때문에 토지대장에 제시된 토지 면적과 지목을 등기부등본과 비교하면 가장 정확하다.

토지이용계획확인원으로는 용도와 개발제한구역 등 제한사항을 확인하고, 토지를 필지별로 구분해 땅의 모양과 경계선을 그려놓은 지적도로는 도로 위치나 경계를 정확히 따져봐야 한다.

## 서류를 바탕으로
## 현장 조사하기

✦

법원경매정보 사이트에서는 경매목록지와 기일내역 등 기본 사항을 비롯해 매각물건명세서, 현황조사서, 감정평가서를 확인할 수 있다. 나의 개인적인 판단으로 가장 중요한 서류는 매각물건명세서다. 법원이 공식적으로 물건에 대해 파악한 내용을 공개하는 자료이기 때문이다.

매각기일 1주일 전부터 확인 가능하다는 점이 단점일 뿐 부동산 표시, 점유자, 보증금, 차임, 확정일자, 배당요구 여부, 최선순위 권리 등 경매에 필요한 70~80%의 정보가 들어 있다.

현황조사서도 참고하면 좋다. 법원 집행관이 현장 조사 후 물건 현황에 대해 기록해 놓은 자료이기 때문에 임장 자료라고도 볼 수 있다. 현재 점유자와의 대화, 우편물 확인 내용, 경비원과의 대화 내용 등이 포함된다. 다만 현황조사서의 해당 내용이 틀렸다고 해서 낙찰 후 불허가 사유가 될 수 없기 때문에 참고만 하고 직접 임장해 확인하는 것이 바람직하다.

임장을 가더라도 경매에 넘어간 집에 사는 점유자가 집안 내부를 보여줄 리 없다. 간혹 운이 좋은 경우 집주인이 경매 후 월세로라도 계속 살게 해달라며 집을 보여주는 경우도 있긴 하지만 집을 보지 못한다고 절망하진 말자.

감정평가서를 보면 물건의 구조 도면을 포함해 객관적인 가격과 내부 사항 등 감정평가 사유가 제시되어 있어 물건에 대해 간접적으로 알 수 있다.

현재 살고 있는 점유자와 소유자와의 관계를 알기 위해서는 전입세대 열람을 해야 한다. 하지만 전입세대 열람은 인터넷으로 발급이 안 된다. 경매목록지와 기일내역, 신분증을 지참하고 가까운 주민센터에서 전입세대열람 신청서를 작성하면 발급받을 수 있다.

지금 언급한 서류들만 잘 찾고, 후편에서 언급할 권리분석을 할 수 있다면 셀프경매도 충분히 가능하다.

# 권리의 우선순위를
# 파악하자

"엄마가 좋아? 아빠가 좋아?" 부모가 아이에게 절대 물어보지 말아야 할 질문이라고 하지만 재미 삼아 물어보게 된다. 엄마만 있을 때는 엄마가 좋다고 하고, 아빠와 같이 있을 때는 한참을 고민한다. 벌써 엄마와 아빠의 마음을 헤아린다고 생각하니 귀엽기만 하다.

하지만 언제부터인가 엄마와 아빠 말고도 딸이 좋아하는 것들이 점점 많아지기 시작했다. "엄마가 제일 좋아?"라고 묻자 뜸을 들인다. 돌아온 답변은 "나는 코코몽이 제일 좋아. 아니, 둘리가 제일 좋아. 뽀로로도 좋은데…"였다.

"엄마는? 엄마보다 코코몽이 좋아?"라고 믿을 수 없어 되묻자 "응" 하고 한 치의 망설임 없이 답한다. '이 질문엔 왜 망설임도 없이 대답하는 거니…' 절망했다. 하지만 "그래도 엄마는 우리 딸이 가장 좋아"라고 웃으며 답해준다.

아이는 자라면서 더 많은 세상을 경험하게 되고 그만큼 더 많은 것들을 좋아하게 될 테다. 엄마와 아빠는 점점 아이의 우선순위에서 뒤로 밀릴 것이다. 지금은 엄마보다 오랜 시간 옆에 있어주는 캐릭터 인형이 더 사랑스러울 것이고, 어느 때인가는 친구를, 더 크면 한 남자를 가장 사랑하게 될 것이다.

내가 그렇게 성장해왔듯, 우리 딸도 같을 것이다. 우선순위에서 멀어진다고 해서 나도 딸을 밀어낼 수는 없다. 나의 딸과 남편을 사랑하고 있는 나를, 나의 엄마는 지금 이 순간에도 사랑해주지 않나. 나도 언젠가는 다른 곳을 바라보는 나의 딸을 뒤에서 지켜 줘야 할 테다.

지금 내가 코코몽보다 우선순위에서 뒤에 있을 뿐, 딸에게 중요하지 않은 사람은 결코 아니라는 걸 알기 때문이다.

# 말소기준권리를 알면
# 내 권리가 보인다

✦

부동산의 권리에도 우선순위가 있다. 그 어떤 권리도 중요하지 않은 것은 없지만 우선순위에 따라 권리를 얼마만큼 보장받을 수 있느냐는 중요한 문제다.

지금 이 순간 해당 부동산에서 어떤 권리가 가장 우선하는지를 파악하는 권리분석이 부동산 매매에서 가장 중요하다. 경매에만 국한된 내용이 아니지만, 경매로 나온 물건은 권리관계가 복잡한 물건이 많아 더 살펴봐야 한다.

부동산의 권리관계는 등기부등본으로 불리는 등기사항전부증명서의 갑구와 을구에서 확인할 수 있다.

우선 말소기준권리를 알아야 한다. 말소기준권리는 경매 부동산에 있는 권리들이 매각 후 사라지는지, 낙찰자에게 인수되는지를 판단하는 기준이 된다. 말소기준권리보다 후순위에 있는 권리들은 모두 소멸하고, 선순위에 있는 권리는 남아 낙찰자에게 인수된다.

말소기준권리는 저당권, 근저당권, 압류, 가압류, 담보가등기, 경매개시결정등기, 전세권 등 일곱 가지다. 말소기준권리가 두 개 이상이라면 그중에서 날짜가 빠른 것이 말소기준권리가 된다.

만약 소유권 설정 이후 근저당권, 가압류, 가처분, 전세권 등이 날짜 순서대로 권리가 잡혀 있다면 말소기준권리 중 가장 앞선 근저당권이 기준권리가 돼 뒤의 권리는 모두 소멸한다. 따라서 낙찰받더라도 안전한 물건이다.

　반면 소유권 설정 이후 가처분, 가압류, 근저당권 순으로 권리가 있으면 말소기준권리인 가압류 뒤의 권리는 소멸하지만 가처분이 선순위로 남아 낙찰자가 인수해야 하므로 별도의 계산이 필요하다.

### 사례 1

| 설정일 | 권리 | 권리분석 |
|---|---|---|
| 2018년 10월 2일 | 근저당 | → 말소기준권리 |
| 2018년 12월 3일 | 가처분 | → 말소기준권리 이후 설정된 권리는 모두 말소 |

### 사례 2

| 설정일 | 권리 | 권리분석 |
|---|---|---|
| 2018년 10월 2일 | 지상권 | → 기준권리 이전 설정은 낙찰자 인수 |
| 2018년 11월 30일 | 가압류 | → 말소기준권리 |
| 2018년 12월 1일 | 가처분 | → 말소기준권리 이후 설정된 권리는 모두 말소 |

# 대항력과 우선변제권을 살펴야 웃돈을 치르지 않는다

✦

말소기준권리대로만 하면 큰 어려움이 없어 보이나, 해당 부동산에 주인이 아닌 임차인이 살고 있을 경우 임차인이 새로 발생하는 권리에 앞서 자신의 권리를 주장할 수 있는지 대항력을 따져봐야한다. 임대차계약 자체는 임대인과 임차인의 채권계약이라 경매로 넘어가도 유효하기 때문이다.

임차인의 대항력은 전입신고와 점유 두 요건이 충족되어야 한다. 주택에 이사하고 그날 전입신고를 하면 다음 날 새벽 0시부터 효력이 생긴다. 전입신고 효력은 다음 날 발생하기 때문에 이사 당일 다른 권리가 발생하면 세입자는 자신의 권리를 주장할 수 없게 된다. 많은 사람이 모르고 있지만 꽤 위험한 일이다.

대항력을 갖춘 임차인이 말소기준권리보다 앞서 있다면 법원에서 배당요구를 해 낙찰 이후 배당금을 받을 수 있고, 배당요구를 하지 않으면 낙찰자가 인수해 임대차계약 만료일에 보증금을 돌려줘야 한다. 따라서 매각물건명세서에서 배당요구 여부를 확인하지 않고 대항력을 갖춘 임차인이 배당요구를 하지 않은 물건을 덜컥 낙찰받으면 낙찰가에 전세보증금까지 감당해야 한다.

실제로 대항력을 갖춘 임차인이 법원에 배당요구를 하지 않았는데, 이를 확인하지 않고 시세 7억 원의 물건을 5억 원에 낙찰받은 낙찰자도 봤다. 시세보다 2억 원이나 싸게 샀다고 좋아했지만,

임차인의 전세보증금 3억 원을 돌려줘야 해 결국 시세보다 높은 8억 원에 산 꼴이 됐다. 이런 물건은 단순 계산상으로도 시세 7억 원에서 보증금 3억 원을 뺀 4억 원 이하로 낙찰받아야 이익이라는 얘기다.

무조건 유찰돼서 최저가가 낮다고 응찰할 것이 아니라 권리관계를 따져봐야 손해를 보지 않는다. 낙찰을 받고도 입찰보증금 10%를 포기하면서까지 낙찰을 포기하는 경우가 의외로 많은데 대부분 이런 경우다.

만약 임차인이 대항력에 확정일자까지 받았다면 다른 후순위 채권자보다 우선해서 보증금을 돌려받을 수 있는 우선변제권을 갖는다. 이사할 때 바로 확정일자를 받아야 하는 이유다. 이사로 점유를 하고 전입신고와 확정일자를 모두 갖춰야만 우선변제권이 생기고, 하나라도 늦게 요건이 성립됐다면 마지막 요건을 갖춘 날 우선변제권의 효력이 생긴다.

또 소액임차인의 경우에는 확정일자를 받지 않았더라도 대항력만 갖추면 소액보증금 중 일정액을 선순위 권리자보다 우선해서 배당받을 수도 있다. 이 때문에 임차보증금이 적은 경우에는 주택임대차보호법이 정한 지역별 최우선변제를 받을 보증금의 범위와 받을 수 있는 한도를 확인해야 한다.

권리의 우선순위를 제대로 분석하지 않은 채 시세보다 싸게 낙찰받았다고 좋아하다가는 뒤늦게 권리를 인수해 더 비싼 값을 치르게 될 수도 있다.

# 경매 절차, 간단치 않지만 해낼 수 있다

"등·하원 도우미 없이는 힘들어요." 많은 워킹맘의 고민이다. 친정어머니나 시어머니의 도움을 받을 수 없는 상황이라면 돈을 지불하고서라도 도우미를 구해야 한다.

"요즘 일찍 문을 여는 어린이집도 많던데, 맡기고 출근하면 되잖아요." 아이를 아직 낳지 않은 미혼 후배들이나 워킹맘의 생활을 알 리 없는 일부 높으신 분들의 주장이다.

아이가 어른처럼 아침에 일어나서 혼자 세수하고 옷 입고 밥 먹고 후딱 준비하고 나오면 되는 줄 아는 거다. 맡기는 시간도 중요하지만 준비에 너무 오랜 시간이 걸린다는 건 미처 생각하지 못했을 테다.

일단 엄마와 아이가 동시에 준비하는 건 불가능하다. 아이가 일어나기 전에 엄마는 모든 출근 준비를 마쳐야 한다. 준비를 마치면 자는 아이를 깨워야 한다. 그런데 다 큰 아이도 아니고, 본능에 충실한 어린아이의 졸린 눈을 뜨게 하는 일은 말처럼 쉽지 않다.

겨우 잠에서 깬 아이는 잠결에 밥을 먹어야 한다. 어른이야 아침 정도 건너뛴다지만 아이는 배가 고프면 배가 찢어지는 고통을 겪는다 하니 간단하게라도 아침을 차려줘야 한다. 숟가락을 들고 퍽퍽 퍼먹으면 좋겠지만, 세월아 네월아 한 숟가락도 몇십 분을 먹는다. 깨끗이나 먹으면 다행인데, 옷이며 얼굴이며 밥풀이 덕지덕지다.

대충 배만 채울 정도로 먹이고 서둘러 씻기고 옷을 입힌다. 옷 입히는 것도 어찌나 힘든지, 자기가 입을 거라며 도와주는 것도 거부해 또 세월아 네월아다. 대충 준비가 끝나면 준비물을 챙겨 등원을 시켜야 한다. 어른 걸음으로 5분이면 가는 어린이집이지만 아이와 함께 가려면 이 역시 네 배는 족히 걸린다. 아무리 서둘러도 아이를 준비시키는 데만 기본 1시간이다.

그렇게 등원을 시키고 출근길에 오른다는 것은 나로선 시간적으로 불가능하다. 간혹 아이를 직접 등원시키고 출근한다는 주변 엄마들을 보면 존경심이 생긴다. 아마 등원을 마친 아침 8시가 그에게는 저녁 8시의 느낌일 테다.

어렵고 복잡한 절차일지라도 그렇게나마 내가 일을 할 수 있는 것만으로도 다행이라고 생각하겠지만.

# 경매 절차
## 한눈에 보기

✦

경매에도 절차가 많다. 다소 어려울 수도, 복잡할 수도, 시간이 오래 걸릴 수도 있지만 시세보다 싸게 원하는 물건을 내 손에 넣으려면 감수해야 한다.

우선 돈을 빌려준 채권자가 돈을 갚지 않은 채무자의 부동산을 팔아 자신의 돈을 돌려받게 해달라고 법원에 경매를 요청하면 경매가 시작된다.

만약 채권자가 돈을 빌려줄 때 부동산을 담보로 근저당권을 설정했다면 소송 없이 경매 신청을 하는 임의경매가 된다. 은행이 담보대출을 하면서 근저당을 설정했는데 채무자가 이자를 갚지 않을 경우가 대부분 임의경매다. 반면 빌려간 돈을 받기 위해 채무자의 부동산에 가압류를 설정하고 대여금 반환 청구소송을 신청해 경매를 진행하는 형태가 강제경매다.

임의경매는 이미 돈을 빌려줄 당시 부동산의 가치를 파악해 담보로 잡은 물건이기 때문에 권리관계가 상대적으로 단순하다. 일반인들이 접근하기 편하기 때문에 초보자라면 임의경매물건부터 접근하는 것이 좋다.

법원의 집행관은 경매로 팔 부동산의 상태와 가치를 따지는 현황 조사와 감정평가를 한다. 또 배당요구 종기일까지 돈을 돌려받아야 하는 권리가 있는 사람들은 자신이 얼마를 받아야 하는지 사건 관할 경매계에 배당을 신청해야 한다.

감정평가를 통해 해당 물건을 경매로 팔아 채권자들에게 모두 배당을 할 수 있는지, 경매 절차에 문제가 없는지 판단이 끝나면 법원은 경매 일정을 알려주는 매각공고를 법원 게시판과 대법원 법원경매정보 사이트에 공고한다.

예고한 매각기일이 되면 경매가 실시되는데, 참여자가 없어 유찰되면 다시 매각기일 지정부터 시작된다.

만약 가장 높은 금액을 쓴 최고가 매수신고인이 나타나고, 해당 낙찰자에게 매각해도 문제가 없다고 법원이 판단하면 매각허가 결정이 난다. 낙찰 후 7일 동안이 항고기간인데, 이 결정에 불만이 있는 사람이 있는지 지켜보고 문제가 없으면 매각허가결정을 확정한다. 아주 가끔 낙찰자의 매수 능력이 없거나 경매 진행 중 해당 부동산이 훼손된 경우, 중대한 권리관계가 변동된 경우, 경매 절차에 중대한 실수가 있는 경우에 이의신청이 들어오기도 한다.

# 법원 매각기일
# 그날의 풍경

✦

경매는 법원이 정한 기일에 모두 모여 입찰하는 기일입찰 방식과 일정한 기간 안에 입찰 서류를 직접 또는 등기우편으로 법원에 제출하는 기간입찰 방식이 있는데, 대부분 기일입찰로 진행된다.

기일입찰 당일 법정에 도착해서 모든 절차가 마무리되는 과정을 살펴보자. 의외로 당일에 작은 실수로 낙찰을 받지 못하거나, 보증금을 날리는 경우까지 있으니 주의해야 한다.

경매법정에 갈 때는 입찰 준비물을 꼼꼼하게 챙겨야 한다. 최저가의 10%를 입찰보증금으로 준비하고 본인이 직접 입찰한다면 도장과 신분증을 챙겨야 한다. 대리인 자격이라면 불참한 사람의 위임장과 인감도장, 인감증명서 등을 지참해야 한다.

경매법정에 도착하면 법정 게시판에서 매각물건 목록을 살펴보며 취하, 변경 사항을 확인해야 한다. 당일에 경매가 취하되거나 매각기일이 변경되는 경우도 있기 때문에 마지막까지 확인은 필수다.

집행관이 변동 사항과 입찰 방법, 주의 사항, 진행 사항 등을 고지해주고 매각 개시를 선언하면 시작이다. 또 입찰 서류를 열람할 수 있는데 특히 매각물건명세서는 직전에 한 번 더 확인할 필요가 있다.

입찰표, 매수신청보증금봉투, 입찰대봉투를 수령해 기재대에 가서 입찰표를 작성한다. 여기에서 중요한 건 낙찰받고자 하는 금액 표기다. 0을 하나 더 써서 1억대 물건을 10억에 낙찰받는 경우도 심심치 않게 나타난다. 이 경우 개인의 실수로 보증금을 돌려받을 수 없다. 그렇다고 10억을 주고 1억짜리 물건을 살 수는 없으니 보증금을 포기할 수밖에 없다. 또 간혹 자신의 입찰 금액을 동네방네 떠들고 나니는 초보 경매 투자자들이 있는데, 낙찰을 포기하는 지름길이다.

새로운 경매물건인 경우 감정가의 10%, 재매각 건은 20∼30%를 보증금으로 준비하고 보증금은 매수신청보증금봉투에 넣어 봉인한다. 또 이 봉투를 다시 노란색 입찰대봉투에 넣고 기재한 후 봉인한다. 입찰대봉투를 집행관에게 가져가 봉투의 일련번호를 받고 수취증의 절취선에 날인을 받아 집행관이 분리해주면 보관한다. 입찰대봉투를 투찰함에 투입하면 내가 할 일은 끝난다.

이제 기다리는 수밖에 없다. 입찰이 마감되고 10∼15분 후면 개찰이 시작된다. 집행관이 사건 번호 순으로 최고 가격을 써낸 사람을 최고가 매수신고인으로 결정한다.

최고가 매수신고인은 보증금 영수증을 받고, 나머지 입찰에 떨어진 사람들은 매수신청보증금을 반환받게 된다.

## 경매의 팔 할은 명도다

낙찰 후 항고기간을 거쳐 최종 낙찰자로 결정이 되면 낙찰자는 법원에 잔금을 내고 소유권이전등기를 마치는 대로 법적인 집주인이 된다. 법적으로는 집주인이지만 낙찰받은 집에 살고 있는 사람을 내보내는 명도 과정이 남아 있다. 때에 따라서는 경매 과정에서 명도가 가장 어렵다고 할 정도다.

거주자가 스스로 집을 비워준다면 비용과 시간을 아낄 수 있다. 물론 대부분 이사 비용을 요구하기 때문에 합리적인 선에서 합의 과정이 필요하다. 보통은 강제집행 비용으로 예상했던 금액 정도를 이사비로 제시한다. 또 내가 실거주할 계획이 없다면 기존 점유자와 전세 혹은 월세 계약을 하는 것이 최선의 방법이다. 명도 비용에 새로운 계약 시 지불해야 할 복비까지 아낄 수 있기 때문이다.

그런데 점유자가 터무니없는 이사 비용을 제시할 경우에는 내가 지불할 용의가 있는 마지노선을 제시하고, 그대로 합의가 되지 않는다면 법적으로 처리하겠다는 의사를 밝힐 필요가 있다.

이 때문에 명도 합의를 진행하더라도 혹시 모를 경우를 대비해서 낙찰 잔금을 납부할 때 인도명령을 신청해두는 것이 좋다. 미리 신청해두면 명도 합의가 되지 않았을 경우에 시간을 절약할 수 있고, 합의 과정에서 점유자가 법원으로부터 인도명령 결정문을 받으면 합의가 순조로워질 수도 있기 때문이다.

그래도 점유자가 집을 비우지 않는다면 낙찰자는 강제집행을 신청한다. 집행관이 점유자를 찾아가 강제집행을 하겠다고 알리고 집행 당일 집행관들이 강제로 끌어낸다. 사실 강제집행이라는 제도가 있고, 강제집행까지 가면 이사 비용도 받지 못한다는 것을 알기 때문에 끝까지 안 나가고 버티는 점유자는 드물다.

다가구주택이나 상가, 원룸주택 등을 낙찰받은 경우는 점유자가 많아 명도가 너 어려워진다. 해당 점유자들과 전월세 연장 계약을 다시 하거나 명도 협상을 진행해야 하는데 따로따로 만나되 모든 점유자에게 똑같은 조건을 제시하는 것이 수월하게 진행할 수 있는 팁이다. 만약 다른 조건을 제시했다가 알려지면 기분이 상한 점유자가 비협조적으로 돌아설 가능성도 있기 때문이다.

또 명도 과정에서 흔히 놓치는 부분이 관리비다. 점유자가 관리비를 미납하는 경우도 있기 때문이다. 미납된 관리비를 고려하지 않은 채 점유자를 내보냈다고 좋아하다 수백만 원에서 수천만 원에 달하는 관리비 폭탄을 맞을 수도 있다. 이 때문에 명도 전 미납 관리비를 확인하고 명도 협의 내용에 반영해야 한다.

점유자들과 얼굴 붉히는 일이 어렵거나 하기 싫다고 겁을 먹고 명도 때문에 경매를 꺼리는 투자자도 간혹 있다. 하지만 명도 과정만 전문 컨설팅 업체에 맡길 수도 있으니 다양한 접근 방법을 생각해보자.

# 땅도
# 경매로 사자

"한국이 가장 일 많이 하는 나라야. 대기업에 다들 들어가고 싶어해. 그리고 대기업을 위해 하루 12시간 이상씩 죽어라 일하지, 그것도 평생. 끔찍해." 한 예능 프로그램에 방영된 스페인 가라치코 마을에 사는 외국인 손님의 대화다.

외국인이 보는 우리의 모습이다. 과연 일뿐일까. 어렸을 때부터 하루 12시간 이상을 공부만 하고 치열하게 경쟁하는 것이 몸에 뱄다. 우리 아이는 그렇게 키우지 말자고 다짐하지만, 한국 땅에서 살아남기 위해서는 어쩔 수 없는 선택이다.

우리 아이도, 그리고 엄마와 아빠도, 무엇을 위해 치열하게 살아가는 것일까. 왜 꽃다운 시절을 죽어라 경쟁만 하며 보내야 하는 걸까. 단순한 문화일까, 아니면 사회적 문제일까.

개인적으로 우리 사회가 치열하게 살 수밖에 없는 것은 땅 때문이 아닐까 생각한다. 많은 사람들이 사회에 나가자마자 꿈과 목표가 '내 집 마련'으로 정해지니 말이다.

대한민국 면적은 9만 9,720$km^2$, 인구는 약 5178만 명, 1$km^2$당 인구수는 519명, 단순 인구밀도를 구해도 전 세계 상위권이다. 하지만 여기서 중요한 것은 면적의 70%가량이 산지라는 사실. 그렇다면 계산은 달라진다. 실제 사용할 수 있는 토지는 2만 9,916$km^2$, 인구밀도는 1,730명이다. 특히 지난해 서울의 인구밀도는 단순 계산으로도 1만 6,000명을 훌쩍 넘는다.

알기 쉽게 설명하면 산지를 제외한 30%의 국토를 모든 국민에게 동등하게 나눠주면 한 명당 175평이 돌아간다는 얘기다. 하지만 이 역시 숫자에 불과할 뿐 공공시설 지역, 군사지역, 도로, 하천 등을 제외하면 개인에게 주어지는 땅은 미미한 수준일 테다. 우리나라 어디를 가든 고층아파트가 빽빽한 이유다.

제한된 땅덩어리와 자원 내에서 충분히 가지려고 많은 인구가 서로 경쟁하는 수밖에 없었을 거다. 좁은 땅 안에서도 좋은 환경과 입지에 자리한 땅은 더욱 수요가 많으니 그 땅을 차지하기 위해서는 더 위로 올라가야만 한다.

역사적으로도 우리 민족은 농업사회 안에서 땅을 얼마나 가졌는지가 부의 상징이자 계급을 결정하는 척도였다. 지금은 어느 지역 땅에 있는 집을 소유했느냐가 우리의 부를 결정한다. 비약일지 모르나 결국 우리는, 그리고 우리 아이들은 땅따먹기 싸움을 하고 있는 건 아닐까.

# 숨겨진 알짜
## 토지 경매

✦

앞서 계산했듯 우리나라는 국토 면적이 좁고 이용할 수 있는 땅은 한정되어 있다. 이 때문에 땅의 가치는 올라갈 수밖에 없다. 특히 감가되지 않는 유형자산이라 주택 가격처럼 땅값이 하락하는 경우는 거의 없다.

하지만 모든 부동산이 그렇듯 토지는 땅의 미래가치를 보고 접근해야 한다. 토지 투자를 잘 하려면 개발계획지구나 개발진흥지구, 도로개통지역, 택지개발지역 등 주변 호재와 개발 가능성을 충분히 검토하고 가치를 판단하는 것이 좋다.

다만 개발 상황에 따라 시간이 필요해 장기투자로 접근하는 경우가 대부분이다. 만약 단기투자를 하려면 토지를 매입해서 지목을 변경하거나, 건물을 세워 함께 팔거나, 분할해서 매도하는 방법도 있다.

토지 투자는 경매에서 더 빛난다. 상가나 아파트보다 경쟁률이 낮기 때문에 싸게 살 기회가 많다. 두 번만 유찰돼도 반값 매수가 가능하니 잘 팔면 시세차익을 볼 수 있다. 특히 경매 잔금대출의 경우 상가나 토지는 낙찰가의 최대 80~90%까지도 받을 수 있기 때문에 소액으로도 투자할 수 있다.

추가로 농지연금을 통한 높은 수익률도 올릴 수 있다. 농지연금은 노후준비를 제대로 못한 농업인이 생활고를 겪으면서 자녀에게 농지를 상속해주는 것보다 농지연금을 활용해 노후 생활비를 확보할 수 있게 하자는 취지에서 만들어졌다. 30~40대 엄마들에게는 적합하지 않지만, 노후에 혹은 부모님 명의로 지방의 저렴한 토지를 반값 경매로 매입해 5년간 경작을 하고 65세 이상부터 농지를 담보로 연금을 받을 수 있다.

연금은 공시지가 기준으로 책정되기 때문에 9억 원짜리 땅을 경매로 4억에 사서 최대 300만 원의 연금을 매달 받을 수 있다면 최고의 월급이 아닐까.

## 농지연금 VS 주택연금

| | 농지연금 | 주택연금 |
|---|---|---|
| 가입연령 | 만 65세 이상 농지 소유자 본인 | 만 60세 이상 부부 중 1명 |
| 가입 조건 | 영농 경력 5년 이상 농업인 | 1주택 소유 또는<br>보유 주택 합산 가격 9억 원 이하<br>다주택자 |
| 담보율 | 농지(전, 답, 과수원) | 주택 |
| 연금 지급 방식 | 종신형, 기간형 | 종신형, 확정 기간, 대출 상환,<br>우대 방식 등 |
| 연금 지급 기관 | 한국농어촌공사 | 금융기관(주택공사 보증) |
| 연금 재원 | 농지관리기금 | 금융기관 자금 |

# 토지 경매에서
# 검토할 네 가지 문서

일반 매매든 경매든 토지를 살 때는 토지등기부와 함께 토지의 호적인 토지대장을 확인해야 한다. 토지대장은 민원24에서 발급받고, 토지등기부에 제시된 지목이나 면적이 원본인 토지대장의 내용과 같은지 확인해야 한다.

토지의 지목은 집을 짓기 위한 대지, 물을 대어 농사를 짓는 답, 물을 항상 필요로 하지 않는 농지인 전, 산이나 황무지 등을 포함하는 임야, 공장용지, 창고용지, 특별한 지목에 속하지 않는 잡종지 등 다양하다.

만약 주택이나 상가를 짓고 싶다면, 대지를 사거나 목적에 따라 공장용지나 창고용지를 사야 한다. 어떠한 지목으로도 변경이 수월한 잡종지를 사는 것도 방법일 수 있다. 낙찰받은 후 지목을 변경하려 한다면 해당 토지를 관할하는 시·군·구청을 방문해 미리 가능성을 확인하는 것도 중요하다.

또 토지대장에 적힌 지목과 실제 토지의 사용 용도가 같은지 현장 답사를 통해 확인해야 한다. 다르게 사용되고 있는데 용도 변경이 어렵다면 낙찰받은 후 지목에 맞춰 땅의 용도를 바꾸는 데 비용을 지출할 수도 있기 때문이다.

토지이용규제정보서비스 사이트(luris.molit.go.kr)에서 토지이용계획확인서도 발급받아 토지 제한과 용도지역 등을 확인해야 한다. 개인소유 토지라도 국가 차원에서 군사시설보호구역, 개발제한구역 등을 지정해 토지 이용을 제한할 수 있기 때문이다.

해당 토지가 어느 용도에 속하느냐에 따라 지을 수 있는 건축물의 종류, 건폐율, 용적률, 높이 등 행위가 제한되기 때문에 용도지역 확인도 필수다. 용도지역을 보면 투자가치를 가늠할 수 있다.

토지이용계획확인서에서는 해당 토지가 도로와 나란히 붙어 있는 도로 접함 토지인지, 해당 토지 일부분에 도로가 생길 예정인 도로 저촉 토지인지 등도 확인해야 한다. 접함 토지는 도로가 확보돼 좋은 땅이지만, 도로 저촉 토지는 도로로 수용되기 때문에 주의가 필요하다.

지적도도 민원24에서 축적 100분의 1로 발급받아 이용 상황을 체크하는 것이 좋다. 현장에 가서 지적도와 실제 토지가 같은지를 비교해 확인하는 것은 기본이다. 종종 실제 토지와 지적도가 불일치하는 경우도 있어 정확한 확인이 필요하다.

특히 지적도에서는 주변 토지에 둘러싸여서 도로로 접근할 수 있는 땅인지, 도로에서 멀리 떨어진 땅인 맹지인지 확인하는 게 가장 중요하다. 맹지라면 해당 토지를 사용하기 위해 도로가 있는 토지 소유주에게 도로 사용료를 내야 한다. 최악의 경우에는 사방의 어떤 도로도 사용하지 못하는 경우도 있다.

분명히 토지만 경매로 나왔는데 현장에 가보니 해당 토지 위에 건물이 있는 경우도 있다. 토지와 건물의 주인이 같았는데 토지를 담보로 돈을 빌렸다 갚지 못해 토지에 설정된 근저당권을 근거로 경매가 진행된 경우가 대부분이다. 결과적으로 땅주인과 건물주가 달라지면서 법정지상권의 문제가 생기는데 이 경우 사례에 따라 권리관계가 달라진다.

법정지상권이 있는 토지를 낙찰받으면 땅을 마음대로 쓸 수 없게 된다. 하지만 법정지상권이 없다면 건물주에게 건물을 철거하라고 요구하거나, 철거 대신 싼값에 건물을 팔라고 요구하는 방법도 있다. 건물 건축 시기, 근저당권 설정 시기 등에 따라 경우의 수가 많기 때문에 정확한 판단은 필수다.

# 농부가 아니어도
# 농지를 낙찰받을 수 있다

✦

"지금 농사를 짓고 있지 않은데 농지를 살 수 있나요?" 살 수 있다. 하지만 농지를 샀다면 향후 경작을 해야만 한다. 이 때문에 투자 목적이라면 관리가 편한 작물이나 관상수, 유실수 등을 심어놓기도 한다. 내 지인은 투자 목적으로 산 땅에 손이 안 가고 잘 자란다는 이유로 매실수를 심어놓고 철이 되면 지인들에게 매실을 직접 따가라고 한다. 본인도 힘들지 않고, 지인들 선물도 챙길 수 있으니 1석2조다.

농지를 산 사람이 해당 농지를 영농 목적으로 잘 이용하고 있는지 관리하기 위해 만든 것이 농지취득자격증명원이다. 농지를 낙찰받으려면 농지취득자격증명원을 매각결정기일까지 반드시 법원에 제출해야 한다. 만약 서류를 제출하지 않으면 매각불허가결정과 함께 매수보증금을 법원이 몰수하기 때문에 낙찰받은 당일 바로 신청해야 기일 내 제출할 수 있다.

서류는 해당 농지가 있는 읍·면사무소를 방문해 농지취득자격증명신청서와 농업경영계획서를 작성해 담당 공무원에게 제출하면 발급받을 수 있다.

농업경영계획서에는 사려는 농지 면적과 해당 농지를 이용하는 데 적합한 노동력과 농업 장비 확보 방안 등을 기록해야 하는데 요즘은 농업 장려정책의 영향으로 대부분의 지역을 수월하게 발급받을 수 있다.

만약 경작이 불가능한 토지의 경우 관공서를 통해 농지취득자격증명 반려증을 받거나, 복구계획서를 제출해 농지취득자격증명을 받은 후 일정 기간 내에 농지로 복구해야 하니 현장 파악을 철저히 해야 한다.

# 인테리어로
# 집값을 띄우자

"저는 아무리 먹어도 살이 잘 안 쪄요." 쉴 새 없이 젓가락을 휘두르고, 입을 조물조물 움직이며 내가 했던 말이다. 영원할 줄 알았으나 체질이란 건 변하는 것이더라.

임신과 출산을 겪으면서 몸무게가 무려 25kg이 늘어났지만 몸무게에 대한 걱정은 전혀 하지 않았다. 오히려 임신 중에 살이 몇 kg이 늘었다며 걱정하는 주변 임산부들을 보면 아이에게 좋다면 뭐든 잘 먹어야 할 텐데 왜 몸매에 신경을 쓰는지 이해하지 못했다.

애만 낳으면 살이 다 빠지는 줄 알았다. 모유수유를 하면 살이 다 빠진다는 말, 애 키우다 보면 밥 먹을 시간이 없어서 살이 빠진다는 말, 복직하면 워킹맘의 정신없는 생활과 스트레스로 뼈만 앙상하게 남을 것이란 말 등을 철썩 믿었을지도 모른다. 대학에 진학하면 예뻐지고 남자친구도 생긴다는 고등학교 선생님의 말씀처럼 공허한 믿음이라는 것을 뒤늦게 알았으니 말이다.

모유수유를 했지만 오히려 영양분을 섭취한다고 많이 먹는 탓에 몸무게는 요지부동이었다. 몸조리 기간에 부기가 조금 가라앉았을 뿐, 남은 체중은 복직하면 빠질 거라는 다짐은 현실이 될 수 없었다.

복직 후, 체중은 늘어만 갔다. 나는 이렇게 몸이 힘든데 왜 살은 찌는가. 참으로 아이러니했으나 현실은 그랬다. 결국 난 복직 1년 6개월 만에 생애 첫 다이어트에 돌입했고, 다이어트 2달 만에 14kg를 감량했다.

"뭔가 달라졌네요", "살이 빠졌나봐요", "예뻐졌네. 옛날 얼굴이 나와요" 등등 알아봐주는 사람이 늘어나고 있다. 듣기 좋은 말로 과장을 보태서 얘기해주는 것임을 알면서도 어깨를 으쓱이게 된다. 역시 사람은 꾸며야 하는구나 절실히 느끼고 있는 요즘이다.

사실 결혼 전에는 화장도 꼼꼼히 잘 하고 다녔지만, 임신했을 때부터는 화장품 성분이 태아에게 안 좋다고 해서 덜 하게 됐다. 특히 아이를 낳고는 화장을 할 시간도 여유도 없었다. 화장할 시간에 5분이라도 더 자고 싶은 마음 뿐이다. 그렇게 오랜 시간 화장을 멀리하다 보니 이제는 어쩌다 화장을 할까 해도 변변한 화장품도 없다.

언젠가는 달라진 내 모습에 우울함을 느끼기도 하고, 자존감이 떨어지는 날도 있었다. 하지만 어쩌면 이 모든 것은 내가 자초한 일이란 생각도 든다. 힘들지만 조금만 신경 쓰면 됐을 것을.

# 최소 비용으로 집값 올리는
# 셀프인테리어

✦

집도 마찬가지다. 조금만 꾸며주면 매도할 때 시세차익을 크게 올릴 수 있고, 세를 놓더라도 세입자를 빨리 찾을 수 있을 뿐 아니라 임대수익을 올릴 수도 있다.

"인테리어 가격이 보통 평당 100만 원인데, 투자한 만큼의 효용이 있을까요?" 인테리어 업체에 무작정 맡기고, 모든 부분에 손을 댄다면 평당 100만 원을 웃돌 수도 있다. 하지만 단 100만 원만으로 집 전체를 깔끔하게 만들 수도 있다.

집을 살 때 인테리어가 다 되어 있는 집을 선택하는 것도 좋지만, 아무것도 되어 있지 않은 집을 싸게 사서 최소한의 인테리어로 집값을 높이는 방법도 있다.

두 가지 원칙을 세우면 가능하다. 첫째는 눈에 보이는 곳 위주로 손을 대고, 둘째는 가능한 부분은 셀프인테리어로 진행하는 방법이다.

우리 부부의 신혼집은 21평 아파트였다. 주변 시세보다 2000만~3000만 원이나 저렴했지만 베란다 곰팡이, 낡은 벽지와 장판, 칠이 벗겨진 신발장과 싱크대가 나를 절망하게 했다. '이 집에는 귀신이 살았던 걸까' 하는 생각이 들 정도로 엉망이었다. 하지만 전세로 들어가는 집에 인테리어 비용을 들이기는 아깝고, 그렇다고 신혼집인데 이렇게 엉망으로 살 수는 없어 딜레마에 빠지기도 했다.

우리 부부의 결론은 셀프인테리어였다. 우선 다 까진 문틀과 방문, 곰팡이 자국으로 가득한 베란다를 페인트칠하기로 했다. 나무색이 기본을 이루고 있었기 때문에 흰색 페인트만으로는 여러 번 칠해도 색이 잘 나오지 않을 것 같았다. 가장 저렴한 흰색 페인트를 사서 검은 잉크를 조금 떨어뜨려 회색빛이 나도록 색칠했다. 페인트칠은 쉬운 작업이 아니었다. 특히 베란다는 천장까지 전면을 여러 번 칠해야 했고, 그래도 해결되지 않는 창문 쪽 벽면에는 한 장에 몇천 원 정도인 무늬 시트지를 사서 멋을 냈다.

시트지는 여러 용도로 사용했다. 주방 벽면 타일에 붙이고 싱크대 아랫면에도 붙여 깨끗하게 만들었다. 신발장은 시트지와 페인트칠을 적절하게 덧칠해주니 새것 같았다.

두 개의 방은 장롱과 침대, 책상과 책장 등으로 어차피 벽면과 바닥이 거의 가려지기 때문에 도배와 장판에 손을 대지 않기로 했다. 다만 거실과 부엌의 도배는 제일 저렴한 하얀색 합지로 기술자 한 명에게 부탁해 20만 원에 해결했다. 그리고 거실과 부엌의 장판은 직접 바닥재 매장에 가서 데코타일을 구매해 한 장 한 장 바닥에 깔았다. 총 3시간 정도가 소요됐다.

거실에 깔려 있던 장판은 깨끗한 부분을 잘라내 베란다 바닥에 깔아 새로운 공간을 만들었다. 오래된 아파트라 베란다가 꽤 넓어 창고 반대편에 선반을 설치해 여러 용도로 사용하기도 했다. 또 낡은 콘센트와 전기 스위치를 사서 교체했다.

우리의 신혼집은 새집처럼 포근했지만, 우리가 총 들인 인테리어 비용은 50만 원도 채 되지 않는 셈이었다. 이렇게 공들인 신혼집에서 2년밖에 살지 못하고 나왔지만, 집주인은 남의 집을 예쁘게 꾸며놓은 멍청한 신혼부부 덕택에 전세보증금을 4000만 원이나 더 높일 수 있었다. 물론 2년이라는 시간 동안의 시세도 반영됐겠지만 단순히 계산하면 50만 원으로 4000만 원의 효과를 낼 수 있었다는 계산이다.

실제로 집의 상태와 평수에 따라 다르겠지만 일반적으로 인테리어에 100만 원 정도를 들여 집을 꾸민 뒤 내놓으면 이전보다 1000~2000만 원 정도는 더 받을 수 있다.


## 무난한 인테리어가
## 가성비가 좋다

✦

집을 보러 다니다 보면 인테리어 수준에 따라 집값이 수천만 원씩 차이가 난다. 그들이 들인 비용을 집값에 고스란히 반영하는 셈이다. 하지만 나는 어설프게 인테리어를 한 집보다 차라리 아무것도 안 되어 있는 집을 싸게 사서 직접 인테리어 하는 것을 선호한다.

얼마든지 적은 비용으로, 조금만 손을 대고도, 깨끗하게 보일 수 있음을 이미 경험했기 때문이다. 화장실이나 싱크대가 돈이 가장 많이 들어가는 인테리어인데 이 부분이 깨끗하다면 더할 나위 없이 좋고, 만약 상태가 좋지 않다면 타일이나 시트지를 이용해 커버할 수도 있다.

내가 살 집이 아니고 투자 목적으로 집을 매매했다면 가장 기본인 흰색 도배지와 페인트칠, 거실 마루에 신경 쓰는 것만으로 최대 효과를 내는 것이 좋다. 집이 넓어 보이고 깨끗해 보일 뿐 아니라 호불호가 갈리지 않는 무난한 인테리어이기 때문이다. 투자 목적이라면 세련된 디자인과 포인트 인테리어보다는 무난한 인테리어가 가성비가 좋다.

### 집값을 높이는
### 가성비 인테리어 실전 Tip

페인트칠부터 살펴보자. 우선 너무 튀는 색이나 진한 색보다는 흰색을 사서 원하는 빛깔의 색깔 잉크를 섞어 쓰는 것을 추천한다. 이렇게 하면 두 가지 색을 섞기 위해 페인트 두 통을 사서 낭비하는 일은 막을 수 있다.

사실 페인트칠은 전문가가 아니어도 하기 쉽다. 다만 도배나 장판을 깔기 전에 가장 먼저 하는 것이 칠하기도 쉽고 결과물도 깔끔하다. 창문틀을 칠할 때는 창 쪽에 테이프나 비닐을 붙여놓고 칠하면 좋다. 한 번 칠하고 어느 정도 마르고 나서 덧칠해야 원하는 색을 잘 낼 수 있다. 세 번 칠하는 것을 추천한다.

도배는 직접 했다가 쭈글쭈글해지거나 제대로 붙이지 않아 떨어지는 경우가 발생할 수 있는 고난도 작업이다. 넓지 않은 집에 거실 정도만 필요하다면 한 명의 기술자를 섭외하는 것이 좋다. 도배지 종류도 합지와 실크지가 있는데, 실크지가 물론 좋지만 투자 목적이라면 저렴한 합지로 깔끔하게만 하는 것이 좋다. 25평 아파트 전체를 도배하더라도 합지는 10만 원대에 살 수 있고, 기술자 두 명의 인건비가 20만 원 정도로 총 30만 원 선에 해결할 수 있다.

바닥재는 강화마루나 원목마루 등을 많이 사용하지만, 마루와 비슷한 데코타일도 같은 느낌을 낼 수 있다. 데코타일은 인테리어 매장이나 인터넷으로도 쉽게 살 수 있기 때문에 원하는 색깔로 구매해 깔 수 있다. 25평 아파트 전체를 깔더라도 데코타일은 30만 원대에서 가능하다. 한 장 한 장 타일을 붙이기 어렵다면 붙이는 장판인 모노륨을 선택하는 것도 좋다. 다만 장판과 데코타일의 가격 차이는 크지 않다.

집에 들어가면 가장 잘 보이는 것 중 하나가 싱크대다. 싱크대만 보기 좋아도 집의 가치는 올라간다. 싱크대 전체를 교환하는 것이 가장 좋지만 비용은 25평 기준 200만 원에 달한다. 투자 목적에 충실해 싱크대 문짝만 교환하거나, 가능하다면 시트지를 붙이는 것을 추천한다. 간혹 시공사에서도 아파트의 미분양 물량을 재분양해 몇 년 후 입주할 때 시트지만 붙여 매매하기도 한다.

싱크대와 어울리는 타일로 부엌을 꾸미는 것도 좋다. 유리 타일을 직접 사서 붙이는 것도 좋지만, 타일 느낌의 시트지를 사서 붙이면 훨씬 간편하고 깔끔하다. 단돈 몇천 원이면 충분하다.

타일은 화장실에 쓰자. 화장실은 바닥만 타일 작업을 해도 확 달라진다. 기존 타일에 백시멘트를 발라 새 타일을 붙이면 된다.

이제 큰 부분은 끝났다. 작은 부분이지만 최대 효과를 낼 수 있는 것들이 있다. 콘센트와 전기 스위치, 싱크대와 신발장 손잡이, 문고리 등은 한 개에 몇천 원이다. 이것들만 갈아줘도 집은 새집으로 변한다. 여기에 화장실 샤워기와 싱크대 수도꼭지를 사서 갈면 더없이 완벽하다. 대형 생활용품 매장에 가면 절수와 수압 조절이 가능한 제품도 몇천 원이면 구매할 수 있다.

그래도 뭔가 집이 어두운 느낌이라면 거실과 부엌의 조명을 바꿔주자. 발품을 팔아 조금 세련된 등을 달아주거나, 출력이 좋은 조명을 매립형으로 설치해도 깔끔하면서도 밝은 집을 만들 수 있다.

# 3장

## 짬짬이 생활비 버는
## 주식&채권 투자

# 주식,
# 시작을 두려워 말자

정신없이 뛰어다니는 워킹맘을 보며 아이가 없는 미혼 후배나 신혼인 친구들은 고개를 절레절레 흔든다. "나는 도저히 아이를 낳을 자신도, 키울 자신도 없어. 무서워서 엄두가 안 나."

예전 같으면 30살도 노산이었지만 나는 30살에 아이를 낳으면서도 왜 이렇게 서두르냐는 말을 들었다. 결혼연령이 늦어지고, 출산연령은 더더욱 늦어진 탓이다. 주변 친구들보다는 조금 빨랐던 탓에 사실 현실을 잘 몰랐고, 그 덕분에 겁 없이 아이를 낳을 수 있었다.

출산예정일을 하루 앞두고 구립도서관에 가서 남편과 내 이름으로 총 10권의 책을 빌렸다. 출산할 때 시간이 오래 걸린다기에 그 시간 동안 책을 읽으려는 심산이었다. 하지만 현실은 달랐다. 난 참을성이 정말 많다고 생각했지만 한계를 보고 말았다.

나는 이렇게 A부터 Z까지 아무것도 모른 채 출산과 육아를 시작했다. 모든 일을 시작하는 데 있어 막연한 두려움이 종종 우리의 발목을 잡곤 한다. 아이를 낳은 후에도 새로운 경험을 시작할 때마다 기쁨과 두려움이 함께 찾아왔다.

처음으로 아이를 안을 때 안절부절못하며 병원 간호사에게 물었다. "아기는 어떻게 안는 건가요?", "수유를 대체 어떻게 하라는 거죠?", "기저귀는 어떻게 갈아야 하죠?" 모유수유는 그냥 아기가 덥석 물면 되는 줄 알았고, 기저귀 접착테이프를 떼버리고선 어떻게 붙이는지 몰라 헤매기도 했다.

너무 모르는 게 많아 각종 육아서를 옆에 두고 그때그때 찾아야 했다. "분유 양은 물과 분유를 포함해 100ml인가요, 물만 100ml인가요?", "밤에 아기가 잠을 안 자고 울면 영아산통인가요, 방법이 없나요?", "겨울인데 아이 얼굴에 태열이 올라와요. 옷을 얇게 입히면 추울 것 같은데 어떻게 해야 하나요?" 질문은 그치질 않았다.

이후에도 이유식을 시작할 때, 아이가 기어 다니기 시작할 때, 처음으로 걷기 시작했을 때, 말을 하기 시작했을 때, 새로운 것에 대한 기쁨과 기대감 뒤에는 내가 모르는 것들에 대한 두려움이 함께 자리 잡았다.

하지만 겁을 낸다면 그 기쁨도 느낄 수 없다. 나는 그렇게 하나하나 배워가며 지금도 엄마가 되어가고 있다.

# 주식 투자금이 없다면

우리나라 부부들에게 아이를 낳지 않는 이유를 물으면 '돈이 너무 많이 들어서'라는 답이 많다. 물론 가정마다 차이는 있겠지만 아이를 직접 낳아보니 그 정도로 돈이 많이 드는 느낌은 아니었다.

하지만 알고 보니 아직 본격적인 지출이 발생하지 않았기 때문이었다. 교육비가 문제였다. 통계청이 발표한 2017년 초중고 사교육비 조사 결과를 보면 2017년 학생 1인당 월 평균 사교육비는 27만 1,000원에 달한다. 소득이 많을수록 사교육비 지출은 올라갔다. 월 평균 소득 700만 원 이상 가구는 매달 무려 45만 5,000원의 사교육비를 지출하는 것으로 집계됐다. 하지만 이 역시 전국 평균일 뿐, 서울 강남구의 가구당 사교육비는 월 수백만 원에 달한다고 한다.

"남들 다 하니까", "우리 애가 뒤처지는 걸 부모로서 지켜만 볼 수는 없어서", "아이가 안정적인 삶을 사는데 대학입시가 중요해서" 등등 무리하게 사교육비를 지출하는 이유는 다양하다.

월급 대부분을 사교육비로 쓰고 나면 우리의 노후 자금 혹은 투자자금은 남지 않는다. 예전엔 "자식 농사 잘 지으면 죽을 때까지 먹고 산다"라고도 했었다. 하지만 지금은 다르다. 자식이 성공한다고 해서 부모의 삶을 책임져줄까. 자식에게 무엇을 바라고 투자하는 건 아니지만 은퇴 후 자식에게 의존하지 않기 위해서는 내 주머니를 넉넉하게 만드는 것도 그만큼 중요하다.

"주식하세요?"

"돈이 없어서 못 하죠."

"삼성전자 주식이 엄청 올랐다던데요."

"그런 비싼 주식은 돈 있는 사람들이나 사는 거죠."

과연 그럴까. 사교육비로 지출하는 100만 원으로 삼성전자 주식을 매달 한 주씩만 샀더라도 아니 두 달에 한 주씩만 샀더라도 지금의 주머니 사정이 예전과 달라졌을 수 있다.

## SNS처럼
## 주식 거래를 하자

✦

"삼성전자 한 주만 사와."

"삼성전자 주식을 어디서 사는데요?"

"집 앞 편의점에 파니깐 갔다 와."

어느 예능 프로그램에서 개그맨이 한 후배를 이렇게 골탕 먹였다는 경험을 얘기했다. 후배는 아무것도 모른 채 정말 편의점에 가서 삼성전자 주식을 달라고 했단다.

이 후배처럼 아무것도 모른다고 두려워 할 필요는 없다. 증권사 영업점에 가서 계좌를 만들 수도 있고, 요즘엔 비대면계좌 개설도 가능해져 영업점에 가지 않고도 인터넷으로 쉽게 시작할 수 있다.

최근엔 비대면으로 계좌를 만들면 현금을 주거나 평생 수수료

무료 등 각종 이벤트가 많아 확인하고 가입하면 혜택도 받을 수 있다.

계좌를 만든 후에는 해당 증권사 사이트에서 홈트레이딩시스템(HTS)을 내려받거나 스마트폰에서 앱(MTS)을 깔고 거래하면 된다. 매매도 간편하다. 원하는 종목과 매수, 매도 가격을 작성하고 주문을 신청하면 가격, 시간, 수량에 우선해 순서대로 계약이 체결된다. 스마트폰에서 인터넷뱅킹을 사용할 줄 안다면 쉽게 따라 할 수 있는 수준이다.

## 생활에 지장 없는
## 수준에서 시작하자

✦

잘 알지 못한다는 이유로 주식을 완벽하게 공부한 후 시작하겠다는 사람도 간혹 있다. 그래서 각종 주식 관련 책을 읽고 차트를 보며 이론을 공부한다. 하지만 막상 투자를 시작하면 모든 게 새롭게 보인다. 따라서 실전은 공부하듯, 공부는 실전처럼 하는 게 좋다. 주식은 직접 해봐야 알 수 있기에 처음에는 소액으로 공부하듯 매수 주문도 넣어보고, 매도도 해보면서 연습할 수 있다.

처음부터 큰 수익을 기대하기보다는 조금씩 투자자금을 늘려가는 것을 추천한다. 주식은 원금을 보장하지 않는 만큼 '이 돈이 없어도 살아가는 데 전혀 지장이 없다'는 수준에서 시작해야 한다.

월급을 받는 대로 통째로 주식에 투자한다든지, 전 재산을 한 종목에 올인하는 투자자도 있다. 하지만 워킹맘이라면 하루 종일 차트를 보고 있을 수도 없고, 손실 허용범위를 넘어서면 생활에 타격을 받을 수 있는 만큼 장기 여유자금으로 천천히 접근하자.

"누가 주식으로 두 배를 벌었다더라." 이런 소문은 마음을 어지럽힌다. 하지만 모든 주식이 나에게 큰 수익을 안겨주진 않는다. 시중금리보다 높은 수준으로 중위험·중수익을 목표로 하는 것도 초보 투자자들에겐 중요한 덕목이다.

아직은 멀게 느껴질 수 있다. 지식이 없더라도, 이론을 완벽하게 알지 못하더라도, 겸손한 마음가짐으로 공부하듯 시작해보자.

### 워킹맘 성격별 맞춤 주식 투자 Tip

- 자투리 돈도 잃기 싫어한다. → 목표수익률을 낮추자.
- 큰 위험은 피하는 게 상책이다. → 손해를 빠르게 인정하자.
- 항상 차선책을 마련한다. → 분산투자를 하자.
- 모르는 길은 가지 않는다. → 잘 알려진 기업에 투자하자.
- 과부하가 걸리면 이성을 잃는다. → 종목을 정도껏 서치하자.
- 24시간이 부족하다. → 하루 종일 차트를 보지 말자.
- 귀가 얇다. → 종목 추천을 무조건 믿지 말자.

# 주식에도
# 이벤트 데이가 있다

회사-집-회사-집 쳇바퀴처럼 굴러가는 365일 속에서 워킹맘인 나도 기다려지는 날이 있다. 사실 아이가 태어나고는 뭐 대단한 일을 할 수는 없었지만 그래도 왠지 모를 설렘과 함께 종일 기분 좋은 그런 날이다.

바로 일 년에 단 하루뿐인 내 생일이다. 어린애처럼 기다려지는 건 나뿐일지 모르겠으나 그냥 그렇게나마 나의 존재를 기억할 수 있지 않나.

올해 역시 아이와 함께해야 하므로 특별한 계획 없는 생일이었다. 생일을 하루 앞둔 저녁, "내일 뭐 먹고 싶어?", "생일 선물은 뭘 사줄까?" 서프라이즈는 기대도 안 했지만 역시나 아무 준비 없었던 남편의 질문에 "그냥 맛있는 거 먹으면 되지"라며 담담하게 답한다.

올해도 집 근처 레스토랑에 가서 음식을 먹고, 남편과 아이가 불러주는 생일 노래에 맞춰 케이크에 촛불을 끄며 나와 우리 가족의 행복을 기도할 테다. 서프라이즈가 없는 그 소소한 이벤트마저 나에게는 행복이다.

"으앙~" 정확히 생일날 새벽 3시. 갑작스러운 아이 울음소리에 잠에서 깨 아이에게 가본다. '잠자리가 불편한가, 오줌을 쌌나, 배가 고픈가.' 이리저리 살펴보며 얼굴을 만지는 순간, 불덩이 같은 체온에 깜짝 놀라 체온계를 꺼내 드니 40도다.

갑자기 왜 열이 나는지 이유도 모르겠고, 급히 좌약을 넣었지만 열이 잡히지 않는다. 게다가 아이는 배를 잡고 까무러치게 울어대니 이대로는 있을 수가 없다. 남편과 나는 아이를 둘러업고 119에 전화해 가장 가까운 소아청소년과가 있는 응급실을 묻고는 바로 달려갔다.

가자마자 각종 검사를 마친 아이는 관장을 하고 해열제를 또다시 투여하고서야 집으로 돌아올 수 있었다. 집에 돌아오니 아침 8시, 우리는 그렇게 다 같이 잠이 들었다.

'이것이 생일 서프라이즈인가. 우리 모두 너무 힘들었지만 그래도 많이 안 아프고 별일 없어 다행이야'를 되뇌며 그렇게 내 생일을 보냈다.

# 국내외 금통위
# 일정을 체크하자

✦

주식시장에서도 예의주시하는 이벤트 데이가 있다. 이날의 이벤트는 시장에 호재가 될 수도, 악재가 될 수도 있다. 방향성을 알기 위해서는 이벤트 데이를 꼭 챙겨봐야 한다.

첫 번째 이벤트는 금융통화위원회 일정이다. 일년에 여덟 번 중앙은행이 금리를 인상하거나 동결 내지는 인하 여부를 결정하는 중요한 이벤트다. 금융통화위원회 연간 일정과 회의 결과 등은 한국은행 홈페이지에서 확인할 수 있다.

한국처럼 각국의 중앙은행도 이렇게 금리를 정하는데, 미국과 유럽 등 선진국의 금리 정책은 글로벌 시장 전체에 영향을 주기 때문에 틈틈이 국제 뉴스로 체크해보는 것이 좋다.

앞서 언급했듯이 금리와 주가는 일반적으로 반대로 움직인다. 저금리일 때 주가가 강세를 보이고, 고금리일 때 주가가 약세를 보인다. 하지만 경제 상황에 따라 이론과 반대로 움직일 수도 있으니 정확한 체크가 필요하다.

예를 들어 미국 연방준비제도가 공개한 연방공개시장위원회 회의록에서 추가 금리 인상 가능성이 언급된 적 있다. 분명 금리 인상은 증시에 악재지만, 경제가 호조를 보이고 기업의 실적 개선 기대가 더 크게 주목받으면서 뉴욕 3대 주요 지수가 일제히 사상 최고가를 경신한 적이 있다.

이벤트 데이에 아무 일이 없을 수는 없다. 당장 증시에 영향을 미치지 않더라도 앞으로의 방향성을 확인할 수 있는 기준일인 만큼 중요하게 살펴보자.


## 삼성전자 실적으로 증시 분위기를 감지하자

✦

'삼성전자, 3분기 매출 65.5조 · 영업익 17.6조(속보)'
'삼성전자, 3분기 사상 최대 실적 경신(상보)'
'삼성전자, 연 매출 250兆-영업익 65兆 달성 무난(종합)'


삼성전자의 분기 실적이 발표되는 날, 경제 뉴스는 온통 삼성전자 실적 기사로 뒤덮인다. 속보부터 상보, 종합, 분석 기사까지 경제부 기자들이 '장날'이라고 부를 정도로 언론사들은 관련 뉴스를 쏟아낸다.

삼성전자 실적에 이렇게 많은 뉴스를 쏟아내는 이유가 뭘까. 첫 번째 이유는 삼성전자의 실적 발표가 실적 시즌의 시작을 알리기 때문이다. 대부분의 경우 삼성전자가 가장 먼저 잠정 실적을 발표한다.

두 번째는 삼성전자의 실적으로 시즌 전반의 분위기를 감지할 수 있기 때문이다. '한국 경제=삼성전자'라고 생각하는 사람이 많을 정도로 삼성전자가 한국 경제에서 차지하는 비중은 무시할 수 없는 수준이다. 삼성전자의 영업이익이 전체 코스피 상장사 이익의 30%에 달하니 말이다.

각 기업의 실적은 물론 국내 기업의 전반적인 실적은 증시에 큰 영향을 미친다. 또 우리나라 기업의 실적과 성장 속도에 따라 글로벌 자금 유입도 달라질 수 있다.

## 주식시장이 요동치는 '네 마녀의 날'

✦

주식시장을 보다 보면 '네 마녀의 날(quadruple witching day)'이 가끔 언급된다. 이름만 들어도 무서운 이벤트 데이인 만큼 조심해야 한다.

네 마녀의 날이란 주가지수 선물과 옵션, 개별 주식 선물과 옵션 등 네 가지 파생상품의 만기일이 겹치는 날이다. 3, 6, 9, 12월 둘째 목요일에 발생한다. 만기가 하나만 되도 시장에 영향을 주는데 네 개 파생상품의 만기가 겹치니 마녀가 심술을 부리듯 주식시장이 움직인다는 뜻이다.

네 개 만기일이 한꺼번에 겹치면 파생상품과 관련한 현물 주식 매매가 정리 매물로 시장에 쏟아져 나오면서 주가가 막판에 요동칠 때가 많다. 예를 들어 주식 선물 매수자는 만기일 주가가 선물 시세보다 높아야 이익이니 주식을 사들여 시세 상승을 기대하고, 선물 매도자는 팔고 시세 하락을 기대하니 기업가치와 무관하게 주가가 출렁일 수밖에 없다. 예상치 못한 주가 급등락이 나올 수 있는 만큼 1년에 네 번 찾아오는 네 마녀의 날엔 조심스럽게 시장을 지켜봐야 한다.

항상 설레는 이벤트 데이지만 결과가 우리가 꿈꾸는 대로 나타나지 않을 수 있다. 이벤트가 어떤 결과로 나타나든 철저히 대비하면 최악은 막을 수 있다. 이벤트 데이에는 시장을 더 주의 깊게 살펴봐야 하는 이유다.

# 주식을 대하는
# 자세를 바꾸자

알람 소리에 놀라 잠에서 깨 샤워를 하고, 어제 입었던 옷을 대충 다시 걸치고, 마르지도 않은 머리카락을 질끈 모아 묶고, 아이 어린이집 준비물을 챙기고, 한 손에는 쓰레기봉투를 들고, 다른 한 손에는 노트북 가방을 들고 버스 정류장을 향해 '걸음아 나 살려라'를 외치며, 그렇게 아침을 시작한다. 나는 원래 이런 사람이 아니었다.

이른 아침에 오늘 무슨 옷을 입을지 몇 번이나 고민하고, 가방과 액세서리도 옷 색깔에 맞춰 골랐다. 기초부터 꼼꼼히 화장하고, 젖은 머리카락을 바짝 말려 고데기로 웨이브까지 넣은 후 향수를 칙칙 뿌려 마무리한 뒤 굽이 있는 뾰족구두를 신고 또각또각 도도하게 출근길을 나섰더랬다. 나는 그런 사람이었다.

'뭐 먹고 싶냐'는 질문에 '배 안 부르고 맛있는 것!'을 주문한 적이 많았더랬다. 커피 한 잔 손에 들고 햇볕을 쬐면서 이 시간이 나의 하루를 보상해준다고 생각하기도 했었다. 여유 있게, 멋있게 산다고 자부했던 때가 있었다. 나는 그런 사람이었더랬다.

일에 있어서만큼은 누구에게도 지기 싫었다. 더 잘하고 싶어서 굳이 안 해도 되는 일을 벌여 원성을 사기도 했다. 내가 제일 잘하고 싶어서 튀기도 하고, 누군가를 시기하고 질투한 적도 있었다. 멋진 결과물을 보면서 나 스스로 만족하며 뿌듯해하기도 했었다. 그땐 멋진 사람, 인정받는 사람, 없어서는 안 될 사람이 되고 싶었던 것 같다. 나는 그런 사람이었더랬다.

이제 나의 삶은, 그리고 나의 생활은 너무도 많이 바뀌었다. 내가 노력해서 예전으로 돌아가기는 어렵다. 하지만 내가 바뀔 수 없다고 절망할 필요는 없다. 나는 나를 바꾸는 대신 나의 주변 환경들을 조금씩 바꾸는 편을 택했다.

"재테크는커녕 집과 회사를 왔다갔다하다 보면 월급이 제때 들어왔는지도 못 챙겨요", "월급이요? 어느 순간 통장을 보면 대출 이자, 카드값, 보험, 관리비가 줄줄이 나가고 잔액이 없어요", "주식은 계속 차트를 보고 있어야 하는데 꿈도 못 꾸죠", "아이 좀 크고, 여유 좀 생기면 생각해봐야죠."

워킹맘들의 공통된 고민이다. 하지만 과연 언제쯤이나 여유가 생길 수 있을까. 언젠가 삶이 바뀌고 나서 재테크를 해보겠다고 한다면 너무 늦을지도 모른다. 우리가 바뀔 수 없다면 투자 방식을 바꿔보자.

# 중수익을
# 추구하자

✦

이제부터는 실전이다. 주식 투자, 목표 수익률을 낮춘다면 워킹맘도 얼마든 직접투자할 수 있다.

"주식으로 투자금의 두 배를 벌었다더라, 세 배를 벌었다더라" 하는 어쩌다 한 번 있을 법한 얘기만 듣고 높은 목표를 잡았다가는 큰코다칠 수 있다.

높은 수익률을 노릴 수 있는 테마주나 소형주에 투자하려면 실시간으로 매매 타이밍을 지켜봐야 한다. 테마주는 특정 이슈나 뉴스에 따라 급등락하고 소형주는 대형주에 비해 작은 재료에도 민감하게 반응하는 경우가 많기 때문이다.

하루에도 상한가와 하한가를 수시로 넘나드는 주식에 단돈 백만 원이라도 투자하면 분 단위로 몇십만 원이 오가니 일이 손에 잡히질 않는다. 보통 주식 차트는 일 단위인 일봉을 보는 투자자가 대부분인데, 테마주에 투자하는 내 지인은 급격한 변동성 때문에 분 단위로 움직이는 분봉을 본다고 한다. 분 단위로 움직이는 차트를 보고 있다는 건 주식 외에는 아무 일도 하지 않겠다는 것과도 같다. 또 100원도 잃기 싫어하는 우리 엄마들의 성향상 테마주와 소형주의 높은 리스크가 감당되질 않는다. 살림과 회사, 아이 외엔 신경 쓸 틈 없는 워킹맘에게는 피해야 할 투자 패턴이다.

시중금리를 웃도는 수준의 중수익을 추구하자. '하이 리스크,

하이 리턴(high risk, high return)'이라고들 하지 않나. 리스크에 대비해 분산투자도 필수다. 몇 개 종목에 적절한 비중으로 투자하자.

# 하루 종일 차트를 보지 말고
# 투자 종목을 줄여라

✦

워킹맘이 쉽게 주식을 시작하지 못하는 가장 큰 이유는 시간이다. 시간이 '금'인 우리에게 직접투자는 너무 먼 얘기다. 방법을 바꾸자. 종일 차트를 보고 있다고 내 주식이 마음처럼 올라주지 않는다. 매매 타이밍을 잡을 때 외에는 HTS와 MTS를 늘 켜고 있을 이유가 없다.

하루하루 수익률을 체크하고 연연할 필요도 없다. '나 오늘 얼마 벌었다', '얼마를 잃었다'라는 말은 의미가 없다. 일희일비하다가는 안 그래도 산더미 같은 스트레스를 하나 더 추가할 뿐이다. 주식은 매수 후 매도할 때까지는 내 돈이 절대 아님을 명심하자.

또 시간을 많이 투자할 수 없으니 너무 많은 종목을 찾아보는 것도 무리다. 가끔 보면 관심 종목에 100여 개 종목을 담아놓고, 투자 역시 10개 이상의 종목에 분산투자하는 투자자가 종종 있다. 내가 아는 한 전업맘은 일부러 100여개 종목을 한 주씩 투자해 모든 주주총회에 참석한다. 한 주만 가지고 있더라도 주주이기 때문에 주주총회 참석 권한을 가질 수 있고, 간혹 주주총회에 참석하면 주주에게 선물을 주기도 하기 때문이다. 특히 음식료 업종, 유통 업체의 주주총회는 해당 기업의 다양한 제조 식품을 선물로 줘쏠쏠하다고 한다. 하지만 굳이 이런 이유가 아니라면, 24시간이 모자란 워킹맘에게는 좋지 않은 방법이다.

## 우량주·가치주가 답이다

✦

워킹맘의 투자 방식에 맞는 종목은 우량주, 가치주다. 투자 금액이 적다고 꼭 싼 종목을 찾을 필요는 없다. 수익률만 비교하자. 때로는 1,000원짜리 1,000주보다 100만 원짜리 한 주가 나을 때도 있다.

겁이 많은 우리 워킹맘은 의심이 많으면서도 귀가 얇다. 남이 좋다고 하면 무조건 투자하고 보는 자신감은 대체 어디서 나오는 걸까. "○○기업이 가지고 있는 기술이 있는데, 대기업과 곧 계약을 앞두고 있어서 주가가 날아갈 거래"라는 말만 믿고 한 치의 고민도 없이 당장 가지고 있는 돈 전부를 투자했다가 낭패를 보는 경우도 부지기수다. 내 지인은 자기 돈에 가족 돈까지 끌어모아서 투자를 했다가 호재는커녕 기업의 상장폐지로 주식이 휴지 조각이 된 경우도 있다. 그날 그의 부모님이 회식 장소까지 딸내미를 잡으러 오셨던 것을 지금까지 잊을 수 없다. 종목 추천을 무조건

믿지 말고 내가 잘 아는 기업에 투자하자.

군이 모르는 종목을 파고들지 않아도 지금 당장 가치 있어 보이는 종목이 수두룩하다. 국내 주식시장의 경우 대형주 위주의 장세가 오랜 시간 지속됐다. 경험적으로 대형주는 떨어질 때도 지지선을 유지하며 제한적인 하락폭을 보이고, 시장이 좋을 때는 큰 폭의 상승을 나타낸다. 리스크 저항력이 크고, 외국인들도 주로 대형주 위주로 투자하기 때문이다. 여기에 성장성까지 보장되니 현재와 미래의 투자가치 모두 충분하다는 평가다.

산업 사이클상 호황인 업종의 대표 종목인 대장주에 투자해 업황 개선에 맞춰 안정적인 기업 이익 효과를 누리는 것이 효과적일 수 있다. 여기에 최근 대기업을 중심으로 주주의 가치를 높이기 위한 정책이 나오고 있으니 대형주의 경우 배당이익까지 누릴 수 있다. 포스코 주식에 몇 년째 장기투자하고 있는 지인은 주가 흐름이 지지부진한 흐름을 보이고 있음에도 적극적인 배당정책 덕분에 1년에 한 주당 8,000원가량의 배당을 받아 수익을 톡톡히 챙기고 있다. 1주당 30만 원에 매수했다면 배당이익만으로도 연 2.7% 이익이 기본으로 보장되는 셈이다. 주가 혹은 배당, 어떤 것을 택하든 이익이 되면 된다.

하루 만에 상한가로 30% 수익을 내고, 얼마 만에 몇 배의 이익을 누릴 수는 없으나 잘 알려진 우량한 대형주에 안전하게 투자하는 게 워킹맘에게 맞는 주식 투자 방법이다.

# 기업가치
# 제대로 판단하자

하루하루 바쁜 시간을 보내다 보면 어느새 훌쩍 커 있는 아이를 발견한다. 모든 엄마가 그렇겠지만 하루에 불과 몇 시간만 아이를 볼 수 있는 일하는 엄마에겐 매일매일 아이가 크는 속도가 더 빠르게 느껴질 테다.

두 손바닥 위에 가볍게 올릴 수 있을 만큼 아주 작은 아기가 태어나 내 품에 처음 안기던 그 순간을 잊을 수 없다. 아기와 처음 눈을 마주쳤을 때 그 똘똘한 눈망울에서 특별함을 느꼈다.

조리원 선생님들이 이렇게 잘 웃어주는 아이는 처음이라고 건넨 한마디를 두고두고 생각하며 내게서 정말 특별한 아이가 태어났다고 흐뭇해하기도 했다.

생후 50일 땐 옹알옹알하며 까르르 웃음소리를 내는 아이를 보면서 '이렇게 빨리 엄마에게 감정을 표현하다니' 하며 신기함과 놀라움에 소름이 돋기도 했다.

생후 10개월째 어느 날 아이가 벽에서 손을 떼고 거실 한복판을 혼자 성큼성큼 걷는 걸 보고는 발달이 아주 빠른 아이라고 자부했다. 그즈음 어느 날은 물건을 가리키며 "이게 뭐야?"를 연이어 말하는 걸 보고 영재가 아닌가 싶기도 했다. 또래들은 "엄마", "아빠"도 못한다는 데 두 단어를 이어 문장을 만든 언어감에, 호기심까지 갖춘 영특한 아이라고 생각했으니 말이다.

부모들은 다 자기 자식을 천재라고 생각한다던데, 예전이라면 그 부모들이 객관성이 없다고 치부했겠지만 막상 아이를 키우다 보니 내 자식은 영재가 아닌가 생각하게 되더라. 최근에 유튜브에 나오는 영어 노래를 따라 부르는 아이를 보며 한 번도 영어를 알려준 적 없는데 저렇게 잘 따라하다니 영어 천재인가 싶었다. 일반 유치원에도 보낼 생각이 없던 내가 절대 고민조차 하지 않았던 영어유치원 등록비를 검색해보는 모습을 발견하며 화들짝 놀란 적도 있다.

하지만 내 자식은 내 눈에만 영재인 것을. 눈에 콩깍지가 씌어 결혼했다고 후회한 게 엊그제인데 이번엔 자식에게 콩깍지가 씌어 너도나도 영재교육에 나선다.

# 주식 투자에서
## 콩깍지는 금물
✦

재테크에선 콩깍지가 금물이다. 특히나 주식에 투자할 땐 더더욱 그렇다. 어느 한 기업의 일부분에 꽂혀 주식을 사는 투자자가 의외로 많다. 객관성을 가지고 철저하게 기업가치를 평가해도 부족할 판에 한두 가지 뜬소문만 듣고는 투자하는 식이다.

기업가치를 판단하지 않은 채 일부 재료만 보고 투자하다가는 특정 이슈에 따라 움직이는 테마주나, 주가를 인위적으로 조작하는 작전 세력이 개입한 작전주에 휘말리기 십상이다.

선거철만 되면 정책 이슈가 아닌 특정 후보 가족이나 지인이 운영하는 기업이라는 이유로 근거 없이 '00 후보주'로 묶여 지지도에 따라 주가가 출렁인다. 최근엔 확인되지 않은 신제품 개발 소문에 바이오주에 뛰어들었다가 낭패를 본 투자자도 적지 않다. 재료는 기본적인 기업가치에 플러스, 마이너스 요소일뿐 주가를 움직이는 몸통이 아님을 명심해야 한다.

원론적으로 기업가치와 주가는 대체로 같은 방향으로 움직인다. 종종 주가가 기업가치와 무관하게 움직이기도 하는데, 주가가 기업가치를 밑돌 때 주식을 사서 기업가치보다 오르면 파는 것이 주식 투자의 기본이다.

물론 전체 시장 분위기도 중요하지만, 시장이 하락하더라도 기업의 실적이 좋으면 버티는 힘이 될 수 있기 때문에 기업가치 판단은 매우 중요하다.

# 재무제표로
# 기본 사항 확인하기

✦

재무제표는 기업 가치를 평가할 수 있는 기본 사항이다. 금융감독원 전자공시시스템(dart.fss.or.kr)에서는 상장사의 재무제표를 손쉽게 찾아볼 수 있다.

재무제표는 대차대조표와 손익계산서, 현금흐름표로 나뉜다. 재무제표로 매출과 이익이 늘면서 수익성도 개선되는 기업, 적절하게 투자가 이뤄지고 있는 기업, 채무 부담이 적은 기업을 추려낼 수 있다.

우선 대차대조표에서 자산총계와 부채총계, 자본총계를 살펴보면 자본 규모와 부채 규모를 파악할 수 있다. 자산이란 기업이 소유하고 있는 전체 재산이라고 생각하면 쉽다. 기업이 제3자에게 빌린 금액이 부채고, 자산총계에서 부채총계를 뺀 것이 자본총계로, 자본은 기업의 순재산이라고 볼 수 있다.

손익계산서에선 매출과 영업이익, 당기순이익을 통해 기업의 실적을 확인할 수 있다. 매출액 대비 영업이익의 비율을 나타낸 영업이익률 추이를 살펴보는 것 역시 중요하다. 매출과 영업이익이 늘더라도 이익률이 낮아진다면 다시 한번 살펴볼 필요가 있다.

현금흐름표에서는 영업활동과 투자활동, 재무활동 등 현금흐름을 체크하자. 영업활동을 하면 돈이 남아야 하는 만큼 영업활동 현금흐름은 플러스(+), 현재 투자가 많아야 미래 기업가치에 도움이 되는 만큼 투자활동 현금흐름은 마이너스(-), 차입금은 적당 규모로 갚아나가야 하는 만큼 재무활동 현금흐름은 마이너스(-)를 긍정적으로 해석하는 게 일반적이다.

재무제표는 일반투자자들이 어렵다고 생각하고 지레 겁먹고 멀리하기 일쑤다. 하지만 중요한 핵심부터 살펴보다 보면 어렵지 않다. 관련 서적도 많으니 한 번쯤 읽어보는 것을 추천한다.


## 투자지표로
## 기업가치 평가하기

✦

기업가치와 주가 수준을 평가할 수 있는 투자지표도 알고 있으면 도움이 된다. 흔히 기업가치는 주가수익비율(PER)과 이브이에비타(EV/EBITDA), 주가순자산비율(PBR) 등의 지표를 통해 알 수 있다.

PER은 현재 주가를 1년 후 예상 주당순이익(EPS)으로 나눈 값이다. PER이 낮을수록 벌어들이는 이익에 비해 주가가 저평가되어 있다는 뜻이다. PER이 낮으면 매수 기회일 수 있다. 다만 PER만으로는 특별이익이나 특별손실이 순이익에 얼마나 영향을 미쳤는지는 알 수 없다.

순수하게 영업으로 벌어들인 이익을 기준으로 기업가치를 보려면 현금을 창출할 수 있는 능력과 시가총액을 비교 평가할 수 있는 EV/EBITDA를 활용해야 한다.

PER이 수익성을 기준으로 주가를 판단한다면, PBR은 자산가치를 기준으로 주가를 판단한다. PBR이 1이면 주가와 기업이 영업활동을 중단하고 청산할 때 회수 가능한 금액인 청산가치가 같다는 뜻이고, 1보다 낮으면 주가가 청산가치보다 낮다는 뜻이다. PBR 역시 낮을수록 주가가 저평가된 만큼 매수 기회로 볼 수 있다.

# 차트로 주식의
# 미래가치를 읽자

**출생 후 161일**

- **수유** 3시(분유 70ml), 6시 40분(분유 180ml), 10시 30분(쌀미음 30ml), 11시 20분(분유 30ml), 14시 40분(분유 100ml), 17시 40분(쌀미음 30ml), 18시(분유 100ml), 21시 40분(분유 90ml)
- **소변** 6시, 9시, 11시, 12시, 14시, 17시, 20시, 22시 / 8회
- **대변** 18시(황변, 다량) / 1회
- **수면** 0시 30분~9시 30분, 12시~14시 20분, 16시 20분~17시 10분, 18시 50분~20시 20분, 22시 30분~23시 30분
- **몸무게** 8.5kg

책장 정리를 하다 노트 한 권을 발견하고는 책장을 넘겨본다. 첫 장부터 마지막 장까지 빽빽하게 숫자와 메모가 가득한 게 모르는 사람이 보면 암호처럼 보일 수 있을 것 같다.

아이를 출산한 후 그날그날 아이가 먹고, 싸고, 자고, 울었던 모든 기록을 적어놓은 수첩이다.

하루만 하더라도 기록량이 어마어마해지는 것을 왜 기록하나 싶지만 육아 수첩을 쓰는 첫 번째 이유는 1~2시간에 한 번씩 아기가 잠에서 깼을 때 우유를 먹이기 때문에 언제 얼마큼 먹었는지, 소변과 대변 횟수는 적당한지를 바로 확인하기 위해서다.

두 번째 이유는 아기에게 특이한 징후가 나타났을 때 과거 유사한 경우를 찾아봄으로써 그 당시 상황을 비교해 현재의 상태를 파악할 수 있어서다.

임신을 하고 태교를 하면서 엄마들은 아이를 위한 태교 일기를 쓰는 경우가 많다. '아가야 엄마는 너를 만날 날을 기다리고 있단다.' 이런 대화들이 일기장을 채운다. 지금 생각하고 있는 것들을 남기기 위해서이기도 하고, 나중에 아이에게 선물하기 위해서도 쓰곤 한다.

태교 일기에 대해 무관심했고 한 번도 써본 적 없는 내가 아이가 태어나고는 쪽잠을 자면서도 기록하는 것을 멈추지 않았다. 이 기록을 보면 언제든 우리 아이가 잘 성장하고 있는지 확인할 수 있기 때문이었다.

# 차트의 세 가지
# 기본 속성

어느 분야에서든 과거 기록은 중요하다. 주식 역시 마찬가지다. 주식시장에서는 과거의 주가와 거래량 정보를 이용해 기록을 남기는데, 대표적인 것이 차트다. 주식은 현재와 미래가치가 중요하기에 과거 기록을 간과하는 경우가 있다. 하지만 과거의 기록, 즉 차트로 미래의 주가를 예측할 수 있다.

차트를 기반으로 과거의 데이터를 분석하고 미래를 예측하는 것을 기술적 분석이라고 하는데, 극단적으로는 차트만 보고 종목을 선택해 매매하는 투자자도 있다. 예전에 투자의 신으로 꼽혔던 전설적인 인물 몇몇도 그랬다. 다양한 분석을 통해 주식 투자를 하는 게 좋지만, 기본적인 기술적 분석 요령을 알고 있으면 종목을 선택한 후 매수·매도 시점을 잡기 좋다.

특히 주가는 수요와 공급에 의해서만 결정되기 때문에 매수 세력과 매도 세력의 균형점을 찾는 것이 핵심이다. 또 주가는 추세에 따라 상당 기간 움직이는 경향이 있어 추세를 읽고, 추세의 변화를 예측하는 것이 중요하다.

차트의 본질적 속성은 기본적으로 세 가지가 있다. 새로운 변화가 나타날 때까지 진행 방향을 유지하는 계속성, 도표 모형을 반복하려는 반복성, 이동평균선으로 회귀하려는 회귀성 등이다. 기본적 속성을 알고 있으면 향후 주가를 예측하는 데 도움이 된다.

# 봉차트 해석법,
# 막대기에 모든 것이 있다

가장 일반적으로 사용하는 봉차트를 읽어보자. 일봉은 하루, 주봉은 일주일, 월봉은 한 달을 기본 단위로 주가 흐름을 나타낸다. 하나의 막대기로 시가, 고가, 저가, 종가를 모두 알 수 있다.

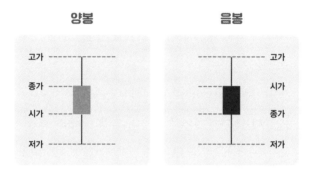

우선 색깔을 보자. 붉은색은 양봉(표에서 노란색으로 표시)이라고 부르며 시작하는 시가보다 주가가 상승해 마감 시간의 종가가 더 높게 끝나는 경우에 쓰인다. 파란색인 음봉(표에서 검은색으로 표시)은 시가보다 주가가 하락해 종가가 더 낮게 끝날 때 쓴다.

몸통은 시가부터 종가까지 포함되기 때문에 빨간 막대가 길수록 강한 양봉으로 매수신호이고, 파란 막대가 길면 강한 음봉으로 매도신호로 해석한다. 간혹 시가와 종가가 같아 몸통이 없는 경우도 있는데, 기다렸다가 다음 신호를 확인하는 것이 좋다.

막대들을 연결한 연결봉을 보고 매매 시점을 잡을 수도 있다. 바닥권에서 양봉이 출현할 때, 천정권에서 큰 음봉이 출현할 때, 상승 중에 갭이 발생했을 때를 매수 신호로 볼 수 있다. 반대로 바닥권에서 큰 음봉이 출현할 때, 하락 중에 갭이 발생했을 때, 천정권에서 몸통보다 긴 위 꼬리가 나타났을 때 역시 매도 신호로 본다.

## 선으로 매수 · 매도 시점을 파악하자

✦

이번에는 선이다. 우선 이동평균선이 가장 기본이다. 주가의 평균가격을 계산해 연결한 선이라 주가의 진행 방향을 알 수 있다. 이동평균선이 상승하고 있으면 주가는 상승추세, 하락하고 있으면 하락추세로 볼 수 있다. 이동평균선은 5일, 20일, 60일, 120일선 등이 있는데 하락하던 주가가 5일 이동평균선부터 차례로 돌파하기 시작하면 적극적인 매수 시점이다. 주가가 이동평균선을 아래에서 위로 상향 돌파하는 현상을 골든크로스(Golden Cross)라고 부른다. 반대로 주가가 이동평균선을 하향 돌파하면 매도 시점으로 볼 수 있는데, 이런 현상은 데드크로스(Dead Cross)라고 한다.

주가 이동평균선과 함께 거래량 이동평균선도 확인해야 한다. 일반적으로 둘은 서로 함께 움직이지만, 방향이 반대로 움직일 때는 이동평균선 방향도 바뀔 수 있다.

이밖에도 그래프에 나타나는 특정한 모양을 찾아내 매매 시점을 판단하기도 하는데 산봉우리 세 개가 거꾸로 그려진 모양, W자형, U형, V자형 등이 나타나면 매수 시점으로 볼 수 있다. 반대 모양일 때는 매도 시점이다. 기본 모양만 알고 시작하면, 복잡한 그래프도 읽어나갈 수 있다.

## 매수 시점 패턴 분석

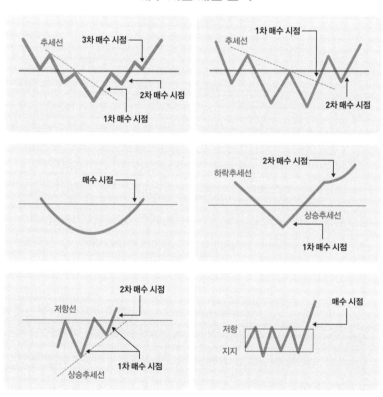

# 골라 투자하는 재미,
# 구조화 상품에 주목하자

"당신은 누구십니까?" "나는 ○○입니다." 어린 시절 이렇게 주거니 받거니 하며 부르던 동요가 있었다. ○○에 내 이름이나 별명혹은 물어본 대상에 따른 호칭이 들어가기도 했었던 것 같다.

지금은 누군가 나에게 "당신은 누구십니까?"라고 한다면 대체 뭐라고 답해야 할까. 이름을 대기도 참 쑥스럽다. "김 기자님"이라고 불리는 경우가 많지, 누군가 친근하게 "혜실아"라고 불러준 적이 언제였던가.

그렇다면 직업을 말해야 하나. "나는 기자입니다." 솔직히 이제조금은 부끄럽다. 낮에도 밤에도 많은 사람을 만나서 다양한 정보를 얻어 기사화하고 24시간 대기하는 것이 기자라고 배웠는데, 아이의 픽업 시간에 불안해하며 퇴근 시간을 바라보고 있는 지금의나는 과연 그렇게 살고 있는가.

그럼 호칭을 말해야 하나. 나는 남편에게는 아내이고, 딸에게는 엄마이며, 내 딸을 돌봐주느라 정신없는 부모님에게는 자식이고, 제2의 부모님이라 할 수 있는 시부모님께는 며느리이며…. 더는 언급하지 않는 것이 좋겠다.

아내로서, 엄마로서, 딸로서, 며느리로서, 학부모로서, 직장인으로서 역할에 맞게 마땅히 해야 하는 일들이 마구 떠오르기 시작한다.

사람들은 일하는 엄마를 워킹맘이라고 부른다. 일도 하고 엄마 역할도 해야 하니 힘들겠다고 한다. 하지만 우리에게 주어진 이름은 둘만이 아니다.

일하는 사람으로서는 칼퇴근을 목표로 남들보다 더 빨리 많은 일을 하기 위해, 그리고 아줌마라는 이미지의 벽을 넘어 더 완벽하게 해내기 위해, 내가 하기 어려운 술자리와 네트워크를 포기한 대가를 상쇄하기 위해, 나는 쉴 새 없이 일을 해야만 한다.

또 퇴근 후 엄마라는 이름표를 달고서는 아이를 돌보고 가르쳐야 하고, 집안 살림을 챙기며 집안일을 해야 한다. 하루에 단 5분도 내 몸 기대 쉴 곳이 없다. 엄마 뒤에, 일 뒤에 숨어 있는 너무나 많은 역할을 다 잘 해내려고 하기 때문에 더 힘든 건 아닐까?

나는 정말 누구일까. 그리고 나는 누구로 살고 싶은 것일까. 매일 나의 정체성을 고민하다 잠이 든다.

# 주식처럼 거래하는 증권 상품
## ETF · ETN · ELW

✦

주식시장에도 '너는 누구냐'고 물어볼 만한 상품들이 많다. 기업도 아니면서 종목명에 떡 하니 자리 잡고 있는 상품부터 살펴보자.

주식, 채권과 구별되는 다양한 증권 상품을 주식처럼 거래할 수 있는 한국거래소(KRX)의 증권 상품이 대표적이다. 현재 거래되고 있는 상품은 ETF, ETN, ELW가 있다.

ETF(Exchange Traded Fund: 상장지수펀드)는 주식시장에 상장한 펀드라고 생각하면 쉽다. 지수별, 산업별, 섹터별 특정 지수나 금, 원유, 원자재 등 상품 가격과 연동해 수익률이 정해지도록 설계된 펀드다. 일반 펀드와는 달리 거래소에 상장돼 주식처럼 실시간으로 거래된다. 반면 매도 시 증권거래세가 면제되고, 일반 펀드보다 운용 수수료가 저렴한 편이다. 적립식펀드 보수 비용은 대체로 2%를 훨씬 넘지만 ETF는 연 0.5% 수준에 불과하다. 주식과 펀드의 장점만 두루 갖췄다. 주식을 하고 싶지만 종목 선정에 어려움을 겪는 투자자, 혹은 펀드를 하고 싶으나 낮은 수수료를 내고 실시간으로 거래하고 싶은 투자자라면 ETF가 제격이다.

수익을 내는 방식도 다양하다. 지수가 상승하는 만큼 이익을 얻는 인덱스 ETF, 지수 상승률보다 더 높은 수익을 추구하는 레버리지 ETF, 시장의 방향과 반대로 움직이는 인버스 ETF도 있어 필요에 따라 투자할 수 있다.

ETN(Exchange Traded Note: 상장지수증권)은 ETF와 ELS(Equity Linked Securities: 주가연계증권)의 장점을 혼합했다. ETF에 ELS 옵션 구조를 접목해 기초 지수를 그대로 추적하는 패시브형 상품이다. 패시브형은 지수 상승률만큼의 수익률만 추구하는 상품으로, 적극적으로 다양한 종목을 발굴해 포트폴리오를 구성하는 액티브형과 반대되는 개념이다. 만기에 기초 지수의 수익률에 연동하는 수익의 지급을 약속하고 발행하는 파생결합증권인데, ELS와 달리 거래소에서 매매할 수 있는 증권이다.

ETN은 ETF에 비해 발행 절차가 간소하고 자산운용에 대한 특별한 제한이 없어 다양하고 독창적인 투자전략을 상품화할 수 있다. ETF처럼 분산투자, 매매편의성, 저비용 등의 장점도 지닌다.

ELW(Equity Linked Warrant: 주식워런트증권)는 주식이나 지수 등의 기초자산을 사전에 정한 미래의 시점에 미리 정해진 가격에 사거나 팔 수 있는 권리를 나타내는 증권이다.

미리 정해진 가격에 사는 권리를 콜옵션, 파는 권리를 풋옵션이라고 한다. 거래소에서 요구하는 일정 요건을 갖추면 이 권리를 주식시장에 상장할 수 있다. 옵션 상품은 시장 하락에 대비해 위험을 줄이기 위한 헤지 목적으로 투자하기도 하고, 방향성이 정확히 예상될 때 투기 목적으로 이용하기도 한다.

ELW는 다양한 투자전략을 수립할 수 있어 옵션 상품의 효과를 갖지만, 옵션과 달리 증거금을 예탁할 필요가 없고 소액으로 매매할 수 있어 개인투자자도 관심 갖기 좋은 상품이다.

| 파생상품 | ETF<br>(상장지수펀드) | ETN<br>(상장지수증권) | ELW<br>(주식워런트증권) | ELS<br>(주가연계증권) |
|---|---|---|---|---|
| 수익 구조 | 기초 지수 수익률에 비례 | | | |
| 수익 방식 | 펀드(지수 추적) | 펀드+ELS옵션 | 옵션<br>(미래시점·가격) | 조건부 상환 |
| 거래 | 거래소 상장 | | | 증권회사 판매 |
| 자본시장법상 분류 | 집합투자증권 | 파생결합증권 | | |
| 발행 주체 | 자산운용사 | 증권회사 | | |

# 파생결합증권 4총사
## ELS · ELB · DLS · DLB
✦

ELS는 가장 대표적이고 대중적인 구조화 파생상품이다. 개별 주식의 가격이나 주가지수와 연계해 투자수익이 결정된다. 지수가 상승할 때 일정한 이익을 얻을 수도 있고, 등락 구간별 수익률이 차이나게 할 수도 있다. 상품별로 만기가 있고, 만기까지 기존에 약속한 대로 주가가 움직이면 수익을 확정하는 구조로 설계된다.

한 증권사에서 판매하는 3년 만기 ELS 상품 조건을 예로 보면 6개월마다 돌아오는 조기상환 평가일에 세 기초자산의 종가가 최초 기준가격의 90%(6, 12개월), 85%(18~24개월), 80%(30개월) 이상이면 연 4.5%(세전)의 수익을 주게끔 설계됐다. 1~5차 평가 시점에 기준을 충족하면 언제든 조기상환되는 구조다. 조건을 충족하지 않아 만기까지 갈 경우 만기평가 가격이 최초 기준가격의 75% 미만이면 기초자산 하락률에 따라 원금손실이 발생할 수 있다.

ELB(Equity Linked Bond: 주가연계파생결합사채)는 원금을 보장하는 ELS로 보면 된다. 수익 기대치를 포기하더라도 손실을 보기 싫다면 ELB에 가입하면 된다.

또 파생상품을 기초자산으로 정해진 조건을 충족하면 약정한 수익률을 지급하는 DLS(Derivative Linked Securities: 파생결합증권)도 있다. DLS는 ELS보다 다양한 기초자산으로 상품을 설계할 수 있어 투자와 헤지 목적으로 많이 이용된다. DLS도 원금이 보장되는 기타파생결합사채(DLB)가 있다.

ELS와 DLS는 모두 개별 증권사에서 발행하고 증권사와 은행 창구에서 판매한다. 상품별로 차이는 있지만 대부분 최소 가입 금액은 100만 원 이상으로 10만 원 단위다. 만기가 1~3년까지 길기 때문에 여유자금으로 가입하는 것이 좋다.

| 상품 | ELS (주가연계증권) | ELB (주가연계 파생결합사채) | DLS (파생결합증권) | DLB (기타파생결합사채) |
|---|---|---|---|---|
| 원금 보장 | × | ○ | × | ○ |
| 수익 방식 | 조건부 상환 | | | |
| 기초자산 | 주식 또는 주가 지수 | | 파생상품 | |
| 발행 주체 | 개별 증권회사 | | | |

# 불필요한
# 수수료를 줄이자

나는 행운을 기대하지 않는 사람이다. 괜한 행운을 기대하다 얻지 못 하면 오히려 사기만 떨어질 뿐이라고 생각해왔다. 그런 나도 아주 가끔 로또를 사는 날이 있다.

싱글일 때는 업무 스트레스가 최고조에 달한 날, 로또를 손에 쥐고 출근길에 올랐다.

결혼 후 아이를 낳고는 엄마와 떨어지기 싫어하는 아이를 뒤로 하고 천근만근인 몸을 끌고 일터로 향할 때, 로또를 사자 다짐한다.

행운을 바라지만 역시나 번호는 어쩜 단 한 개도 맞지 않는단 말인가. 싱글일 때는 '차라리 로또 살 돈으로 아이스크림이나 사 먹을 걸…'이라며 후회했었다. 어찌 보면 나는 원래 소박한 사람 이었다. 좋아하는 아이스크림이나 실컷 먹으면 행복했으니 말이 다. '이 돈이면 아이스크림 몇 개를 먹겠네…' 하며 아이스크림을 계산의 단위로 이용했다.

지금은 아이 용품이 모든 계산의 기준이 됐다. '이 돈이면 우리 아이 내복 한 벌 더 사줄 텐데…', '이 돈으로 우리 아이 좋아하는 주스나 하나 더 사줄 걸…', '이 돈이면 기저귀 몇 장 값인데…', '이 돈이면 분유 몇 통, 우유 몇 개 값인데…' 이렇게 생각하다보면 내가 돈을 쉽게 쓸 수 있는 곳은 단 한 곳도 없다.

2,000~3,000원짜리 식빵 한 봉지를 사면서도 할인카드, 적립카드를 꺼내고 미리 싸게 사둔 매장 결제 쿠폰까지 내는 것을 보면서 몇백 원 아껴 삶이 뭐 그렇게 달라지겠냐고 하는 사람도 있다.

당장 우리 남편만 하더라도 편의점에 갈 때 통신사 할인카드에 미리 사둔 편의점 결제 쿠폰까지 사용하라고 하면 몇백 원 아낀다고 귀찮게 그러냐 하고 반문한다. 1만 원어치를 사면 10%+10% 이중 할인으로 1900원 정도 할인된다고 해야 그런가 보다 하는 수준이다. 여러 번 반복되면 몇만 원인데 말이다.

이런 걸 보면서 간혹 아줌마 근성이라고 흉을 보는 사람도 있는데, 아이를 위해 아끼고 생활하는 엄마들의 알뜰한 습관이 부정적으로 변질돼버린 것 같아 안타깝다. 남들이 흉을 보든 말든 나는 쓸데없이 낭비하는 돈 한 푼 아껴 우리 아이 우유 하나 더 사주련다.

# 주식 거래수수료
## 줄이기

✦

주식이 공격적인 투자 대상이긴 하지만 주식 투자에서도 자투리 돈을 아끼는 방법이 많다. 투자 금액에 따라 하루에 적게는 몇만 원, 많게는 몇백, 몇천만 원까지 오락가락하는 주식시장에서 돈 몇 푼이 무슨 대수냐고 생각할 수 있지만 조금만 살펴보면 자투리 수익이 많다.

우선 주식을 사고팔 때 붙는 거래수수료를 아끼는 것이 첫걸음이다. 증권회사는 고객의 주문을 받아 매매가 성립됐을 때 고객으로부터 수수료를 받는다. 이 때문에 주식을 사고팔 때 증권사에 위탁수수료를 내고, 팔 때에는 세금인 증권거래세도 내야 한다.

여기서 아낄 수 있는 부분이 증권사에 내는 위탁수수료다. 증권사별로, 거래 방법에 따라 수수료가 확연히 차이가 나는 만큼 비교한 후 선택하는 것이 좋다. 1000만 원을 거래한다고 치면 1만 원 이상 차이가 날 정도니 아낄 만하지 않나.

증권사별 매매수수료는 금융투자협회 홈페이지(www.kofia.or.kr) 내에 있는 전자공시서비스를 이용하면 비교 검색해볼 수 있다. 또 오프라인보다는 온라인 매매수수료가 더 저렴하다. A 증권사의 경우 1000만 원을 거래할 때 오프라인 수수료는 5만 원인 반면 HTS로 거래하면 1,400원에 불과하단다.

# 주식 투자에서도
# 이자를 챙길 수 있다

✦

거래수수료 외에도 체크할 것이 있다. 주식 투자자들이 잘 신경 쓰지 않는 부분 중 하나가 예탁금이용료다. 예탁금이용료는 고객이 주식 투자를 위해 증권계좌에 넣어둔 예탁금에 붙는 이자다.

주식에 투자하지 않고 예탁만 할 경우 증권사가 해당 금액을 운용할 수 있어 그 대가를 지급하는 건데, 증권사별로 이용료율이 0.5% 포인트 이상 차이가 난다. 증권사별 예탁금이용료율 역시 전자공시서비스로 비교해볼 수 있다.

예탁금이용료보다 높은 이자수익을 누리려면 일반 증권계좌가 아닌 종합자산관리계좌(CMA)를 이용하면 된다. 일부 증권사는 증권계좌와 CMA계좌를 통합 또는 연계해 예탁금과 주식매도 대금 등을 CMA계좌에 별도로 송금하지 않아도 자동으로 CMA계좌로 옮겨주는 서비스를 하고 있다.

CMA는 증권사가 고객 예탁금을 채권이나 어음에 투자해 수익을 내고, 수익을 고객에게 돌려주는 금융상품이다. 수시 입출금이 가능한 상품이라 은행의 수시 입출금식 보통예금과 비슷하지만 은행 예금금리보다 높은 이율을 추구할 수 있다. 종금사인 종합금융회사로 분류된 금융회사에서 개설한 CMA는 최대 5000만 원까지 예금자보호법을 받을 수 있다. 하지만 일반 증권사의 CMA는 예금자보호법의 적용을 받지 못 한다는 것을 기억해야 한다.

# 채권 등급을
# 올리자

출산을 장려한다는 대한민국, 현실은 글쎄다. 출산휴가 3개월, 육아휴직 1년이라는 법정 휴가가 있지만 이 최소한의 휴가조차 보장되지 않는 것이 현실이다.

물론 1년을 다 채워 쉬는 사람도 있다. 나도 그중 한 명이다. "용감하다", "그만둘 건가", "이제 일할 생각이 없나", "쟤도 결혼하더니 별수 없다" 등등의 비난이 어디에선가 흘러나온다.

회사에서는 휴직비만 챙기고 돌아오지 않는 사례를 언급하며 조기 복직을 권고한다. 그땐 안 좋은 선례를 남긴 선배들이 원망스럽기도 했다. 그런데 내가 그 나쁜 선배 한 명으로 남게 됐다.

그렇다. 나는 용감하게 1년의 육아휴직을 다 쓰고 결국 복직한 지 몇 개월 만에 이전 회사를 그만뒀다. 회사가 나에게 해준 배려에 미안했지만 출산과 육아로 떨어진 내 몸값을 인정할 수 없었다.

12월에 임신하면서 연말 연봉 협상에서 "내년에 휴가도 들어가야 하니 다른 애들 먼저 챙기자"는 말을 들었다. 그리고 그다음 해에는 출산휴가 중이라 자동으로 연봉이 동결됐다. 그리고 그다음 해에는 "10월에 복직했으니 평가할 수 없다"란 말을 듣고 또다시 인사고과 평가를 받지 못했다.

이렇게 출산을 한 번 하면 3년 동안 연봉은 요지부동이다. 물론 열심히 일한 다른 직원들이 있으니 상대평가에서 뒤처질 수밖에 없을 것이다. 하지만 회사에서 능력은 연봉으로 나타난다. 내 능력을 과대평가해서가 아니라, 적어도 다른 환경에 영향을 받지 않고 지금의 내 능력을 인정받고 싶은 욕구가 컸다.

워킹맘이 원하는 만큼 가치를 인정받고 연봉을 올리려면 다른 사람보다 두세 배 더 열심히 해야 한다. 기본적으로 주어진 업무를 잘 해내는 것이 우선이지만, '애 엄마는 덜 한다'라는 선입견을 떨쳐버리기 위해선 퍼포먼스도 보여야 한다. '묵묵히 일만 잘하면 되지'라는 생각에 자기 PR을 열심히 하는 사람들을 보면 손발이 오그라들었던 때도 있었다. 하지만 언젠가는 그것이 나의 몸값을 올리는 수단임을 깨닫게 됐다. 물론 기본적으로 일을 잘해야 하고, PR 능력도 갖춰야 한다. 일은 못하면서 PR만 하는 사람, 일은 잘하는데 PR은 못하는 사람 모두 가치를 인정받기 어려운 세상이다.

'남들 하는 만큼만 하기도 힘든데 남들보다 더 해야 한다니.' 많은 워킹맘이 힘들어 하는 이유일 것이다. 때문에 제대로 가치를 인정받지 못 해도 참고 견딜 수밖에 없는 게 대부분의 현실이다.

# 채권은 신용으로
# 등급이 나뉜다

✦

회사원인 우리의 등급이 연봉과 직책으로 나타나는 것처럼 투자 자산도 등급으로 가치를 평가한다.

채권은 등급이 신용도로 나타난다. 신용등급은 장기 신용등급과 단기 신용등급으로 구분하는데, 신용평가사가 채권의 상환능력을 장기와 단기로 구분해 평가하기 때문이다.

3대 국제신용평가사인 무디스, S&P, 피치 등의 장기 등급 체계를 살펴보면 표기 방식만 다소 차이가 있을 뿐 대체적으로 같은 맥락이다. 신용평가사는 최상인 트리플에이(AAa/AAA) 신용등급부터 채무불이행이 불가피한 C등급까지 국가와 기관, 기업 등의 신용을 평가한다.

이후 각 주체가 채권을 발행할 때 신용등급에 따라 발행금리가 결정된다. 기업이 자금 부족으로 회사채를 발행할 때 원리금 상환능력이 좋으면 높은 신용등급을 받아 발행금리는 낮아지고, 반대로 상환능력이 나쁘면 신용등급이 떨어져 발행금리는 높아진다.

다만 신용평가사가 미처 알지 못한 리스크가 발생할 수 있는 만큼 신용등급만으로 모든 것을 평가하면 큰코다칠 수 있다. 대우조선해양 역시 몇 년 전까지만 해도 AA-의 신용등급을 받은 우량채였지만 대규모 적자와 분식회계, 각종 비리 등이 터지면서 회사채에 투자한 투자자들의 손실이 막대했다.

# 채권 가격은 금리와
# 반대로 움직인다

✦

채권 투자는 돈이 필요한 대상에게 돈을 빌려줬다가 정해진 만기에 이자를 더해 되돌려 받는 방식이다. 채권을 발행한 주체가 기업체면 회사채, 중앙정부면 국채, 지방정부가 발행하면 지방채, 공공기관이 발행하면 공채다.

해당 채권을 사서 만기까지 보유하면 약속한 이자를 받고, 만기 이전에 팔아 매매차익도 노릴 수 있다. 예금은 만기 전에 해지하면 약속한 이자를 받지 못하지만 채권은 그동안의 이자와 함께 매매차익까지 챙기니 투자 메리트가 크다.

그렇다면 채권 매매가격은 어떻게 정해질까. 채권 가격은 금리와 반대로 움직인다. 금리가 오르면 채권 가격이 내려가고, 금리가 떨어지면 채권 가격은 오른다.

어제 발행한 3%짜리 채권이 있는데 오늘 시중금리가 2%로 떨어진다면 어제 발행한 채권을 매수하려는 수요가 늘기 때문에 채권 가격이 오르는 원리다.

반대로 시중금리가 4%로 오른다면 어제 발행한 채권의 가치는 떨어질 수밖에 없다. 금리인상이 예상되는 시기에는 채권투자를 기피하는 이유다.

따라서 채권을 사려면 금리의 방향성을 읽어야 한다. 이미 발행한 채권의 이자율은 달라지지 않고, 만기 이전에 시장에서 거래되는 채권의 가격만 변하는 것이다.

## 개인투자자도 소액으로
## 직접투자할 수 있다

✦

펀드 상품을 들여다보면 안전자산으로 채권 비중을 어느 정도 유지하고 있는 상품이 많다. 기관투자자를 비롯한 전문 투자자도 다양한 채권에 투자해 안정적인 수익을 확보한 다음 고위험 고수익 투자로 추가 수익을 챙긴다.

일반투자자에게 채권 직접투자는 생소하다. 신용도부터 금리, 채권 가격까지 연결되는 어려운 공식을 보면서 복잡하다는 생각에 일찌감치 멀찍이 하는 투자자가 많다. 하지만 채권의 신용등급을 이해하고 금리 방향성과 채권 가격의 원리만 잘 파악한다면 소액으로도 쉽게 접근할 수 있다.

채권은 상품에 따라 최소 만 원부터 투자할 수 있다. 금융투자협회 본드몰(www.bondmall.or.kr)에 접속해 현재 금융회사에서 판매 중인 채권을 확인하고, 직접 증권회사 창구에 가서 사거나 해당 증권사의 HTS에서 주식처럼 쉽게 살 수 있다.

채권은 안전자산부터 고위험 고수익을 노릴 수 있는 상품까지 종류도 다양하고 수익률도 천차만별이다. 거듭 강조하지만 위험한 투자는 우리 워킹맘들에게 적합하지 않다. 높은 이자를 제시하는 채권일수록 위험을 감수해야 한다. 나라가 망하지 않는 한 원금을 보장하는 국공채를 비롯한 우량채권을 중심으로 투자를 시작해보자.

# 어떤 채권에
# 투자할까?

아침에 졸린 눈을 비비며 일어날 때 눈앞에 엄마가 없어서 미안하고, 꼭 안아주며 "오늘 하루도 행복하게 지내"라고 말해주지 못해 미안하고, 손잡고 어린이집에 데려다주지 못해 미안하고, 아이에게 무슨 일이 있었는지 선생님과 직접 만나 대화하지 못해 미안하고, 하원 후에 저녁밥이라도 차려주지 못해 미안하고, 퇴근 후에는 나 힘들다고 좀 더 신나게 놀아주지 못해 미안하고, 또래 엄마들보다 정보량이 적어 아이가 더 많은 것을 경험하지 못하는 것 같아 미안하다.

이 중에서 내가 일을 하면서 해줄 수 있는 것을 찾아보니 정보를 얻어 아이의 경험을 늘려주는 것뿐이다. 전업맘들 사이에는 워킹맘은 끼워주지 않는 '그들만의 리그'가 있다. 아이를 등원시키고 모여서 커피 한잔하며 각자가 가진 육아 정보를 공유하고, 하원 후에는 문화센터나 놀이교실에 그룹으로 함께 다닌다.

"어떤 학습지를 아이들이 좋아한다더라", "어떤 전집이 아이 창의력에 도움을 준다더라", "유치원은 여기가 좋은데 들어가려면 뭐가 필요하다더라" 등등 어린이집에 다니는 우리 아이 또래만 하더라도 벌써 교육정보가 넘쳐나는데 유치원이며 초등학교는 얼마나 더할까. 정보 싸움에 뒤처지는 게 싫어서 워킹맘을 포기하고 전업맘으로 돌아서는 사람이 있을 정도다. 선배 워킹맘들은 엄마들의 커뮤니티에 끼기 위해 많은 노력이 필요하다고 조언한다.

나 역시 휴직 중에는 다른 엄마들과 모임도 하고 대화도 나눴지만, 워킹맘이란 사실이 알려지고 복직을 앞두니 엄마들이 자연스레 멀리하기 시작했다. 전업맘들은 아이 등·하원을 하면서 자연스레 친해지기도 하지만, 워킹맘은 얼굴도 마주칠 기회가 없으니 이 정보 모임에 끼어들 수 있는 전략집까지 도서로 나올 정도다.

나의 전략은 '어린이집 첫 소풍의 기회를 잡자'였다. 첫 만남이 중요하다고들 한다. 소풍날 우리 부부는 다른 부모들과 친해지기 위해 우리 가족 도시락뿐 아니라 여러 사람이 함께 나눠 먹을 수 있을 만큼의 샌드위치와 과일을 준비했다. 음식을 나눠주며 자연스럽게 친해지는 것이 좋다고 생각했고, 결국 통했다.

그리고 다음 주말에 우리 집으로 가족들을 초대하면서 모임에 합류할 수 있게 됐다. 이후에도 가족 모임이나 평일 저녁 모임이 생기면 부리나케 퇴근해 바쁘더라도 참석한다. 시간이 흐르면서 그들과 나눌 수 있는 것은 교육정보만은 아니었다.

# 나라가 망하지 않는 한
# 원금이 보장되는 국공채

✦

일부 워킹맘은 나를 두고 전업맘 모임에 끼어든 성공한 워킹맘이라고들 한다. 하지만 세상에 공짜는 없다.

내가 그들에게 어린이집 생활이라든지, 각종 교육정보, 육아 정보, 원내 일정이나 선생님 정보 등을 얻는 대신 나도 그들에게 다양한 정보를 제공하려 노력한다. 특히 내가 잘 아는 재테크 팁이라든지 각종 경제 정보를 준다. 대가라고 표현할 수도 있겠지만 많은 정보를 얻는 것에 대한 감사함의 표시라고 해두자.

그런데 "돈을 벌고 싶다", "재테크를 적극적으로 하겠다", "뭐든 해야겠다" 등 초롱초롱한 눈으로 나에게 빼먹을 것을 찾던 엄마들은 "하지만 원금은 손실이 나면 안 된다"라고 뒤늦게 조건을 단다.

'원금손실 안 나는 상품을 찾으시려면 그냥 예적금을 드세요'라고 하려다 '아차!' 싶은 상품이 떠올랐다.

앞서 워킹맘이라면 점심시간이나 여유 시간에 금융회사 지점을 '마실 삼아' 다니라고 조언한 바 있다. 나 역시 가끔은 정보를 얻기 위해 금융회사에 방문해 상담을 받는다.

언젠가는 지점장을 직접 만난 적이 있다. 내 신분과 내 자산을 드러내지 않은 채 운이 좋게 직접 상담을 받게 됐다. 지점장이 당시 추천한 상품은 국민주택채권이었다. 바로 내가 엄마들에게 소개한 원금 보장 상품이다.

채권에는 다양한 상품이 있다. 정부에서 발행하는 채권인 국공채는 나라가 망하지 않는 한 원금을 떼이지 않는다. 지방채 역시 지방자치단체가 발행하는 채권이라 안전하다. 특히 소규모로 매월 발행되는 지역개발채권은 지방자치단체가 교통, 교육, 수도사업 등에 필요한 재원을 조달하기 위해 발행하는 채권으로 이자가 높은 편이라 기관투자자들이 선호하는 투자 대상이다.

물가연동국채는 국채를 보유하는 동안 물가가 오른 만큼 원금에 반영해주는 국채라 원금의 실질 가치가 보장된다.

또 국공채보다 높은 수익을 자랑하는 회사채가 있는데, 기업이 자금조달을 위해 직접 발행하는 회사채는 회사 수익에 관계없이 일정률의 이자가 지급되지만 부도가 나면 리스크를 감당하기 힘들어진다.

리스크 부담이 상대적으로 큰 워킹맘이라면 채권은 안전자산으로써 활용하는 것이 바람직하다고 생각한다. 특히 초보자라면 더더욱 그렇다.

안전자산인 채권 투자, 그중에서도 회사채를 제외한 국공채나 지방채 등으로 큰 수익을 내기는 어렵다. 하지만 복리 투자의 정석을 보일 수 있는 투자 방법이기도 하다.

# 안전하게 수익이 나는
## '국주채'

✦

부동산을 매수하는 국민이라면 주택도시기금법에 따라 소유권 이전등기를 할 때 부동산 시가표준액의 일정 비율만큼 의무적으로 매입해야 하는 무기명 국채가 있다. 이것이 국민주택채권(국주채)이다. 국주채는 정부가 국민주택 사업에 필요한 자금을 조달하기 위해 발행하는 국채이기에 집을 살 때 우리는 국주채를 강제매수해야 한다. 하지만 대부분 사람들은 집을 사면서 법무사를 통해 은행에 바로 팔기 때문에 국주채의 존재를 잘 모른다. 부동산 매수자는 해당 채권을 은행에 바로 되팔 수 있고, 투자자는 은행을 통해 채권을 살 수 있다.

국주채 시장은 오늘 종가를 전날 미리 결정하는 형식이다. 종가를 이미 알고 있는 상태에서 오늘 시장이 열리는 것이다. 따라서 거래에 참여하는 금융투자사가 종가에 매수하고 다음 날 개장하면 파는 형식으로 안정적인 수익을 내고 있다.

국주채를 운용하는 상품에 가입하는 것도 좋은 방법이다. 종종 은행에서 국주채를 판매하기도 하고, 랩 상품(자산종합관리상품)의 형태로 수수료만 내면 내 자산의 일부를 국주채에 투자해 안정성을 확보하기도 한다.

다만 국주채 자체가 물량이 많지 않고, 국주채를 활용한 상품도 널리 알려지지 않아 발품을 팔아야 기회를 잡을 수 있다.

# 4장

# 우리 집 자산을
# 튼튼하게
# 펀드&연금 투자

# 내가 할 수 없다면
# 전문가에게 맡기자

기사를 쓰고 뉴스를 만드는 직업을 가지고 있음에도 가끔은 뉴스를 보기 싫을 때가 있다. 흉흉한 뉴스들이 너무 많은 요즘은 더더욱 그렇다. 특히 아이들을 대상으로 한 흉악 범죄와 사건사고, 어린이집 학대 등과 같은 뉴스는 엄마들을 분노케 한다. 나 또한 기자이기 전에 엄마인지라 그런 뉴스를 접한 날은 일이 손에 잘 잡히질 않는다.

최근 어린이집 학대 뉴스가 끊이질 않고 있다. CCTV까지 설치되어 있는데도 그런 짓을 하는 일부 선생들을 보면 어떻게 우리 아이를 밖에 내놓나 걱정된다. 물론 일반화의 오류겠지만, 여전히 많은 부모가 그런 이유로 아이를 시설에 맡기지 않으려고 한다.

내 주변에도 얼마 전 비슷한 일이 있었다. 친구 아이가 어린이집만 보면 기겁을 하고 하원 후에는 배가 고프다고 했단다. 이상하게 생각한 친구는 CCTV를 열람하기에 이르렀고, 한 선생님이 아이들을 학대하고 밥을 주지 않는 것을 발각했다.

하지만 그 사실을 알았음에도 일부 엄마들은 해당 선생님만 그만두게 하고 어린이집은 계속 운영할 수 있도록 신고를 하지 말자고 했단다. 당장 내일부터 이 어린이집이 아니면 아이를 맡길 곳이 없는 엄마들이었다. 이 얘기를 듣고 얼마나 답답하고 안타까웠는지 모른다.

이처럼 어쩔 수 없어서 보내는 경우도 있지만 간혹 나처럼 '믿을 수 있는 기관이라면 충분히 장점이 더 많다'는 생각에서 아이를 어린이집에 보내는 경우도 있다. 아이가 10개월쯤 된 어느 날, 나는 아이를 어린이집에 보내기 시작했다.

육아와 보육에 있어 전문가가 아니기 때문에 나 또는 친정엄마가 종일 아이를 돌보는 데 한계가 있다는 판단에서 그렇게 결정했다. 워킹맘이 아니었더라도 나는 아마 같은 선택을 했을 거다. 전문적으로 교육을 받은 선생님이 프로그램을 갖춘 기관에서 체계적으로 보육하는 것이 아이가 더 배우고 느끼는 길이라고 생각했다. 물론 부모의 가치관 차이다.

어쨌든 결과적으로 우리 부부는 선택에 만족한다. 정해진 시간 안에서 엄마나 할머니와 단둘이 집에 있다면 아이가 하지 못했을 많은 것을 배우기 때문이다. 아이는 다양한 동요와 율동을 익히는 것부터 미술 학습, 체험 활동, 텃밭 가꾸기, 화재 예방 교육, 지진 대피 교육까지 어린이집에서 많은 것을 느끼고 경험한다.

물론 어린이집이 엄마나 할머니가 집에서 봐주는 것만큼 아이를 알뜰살뜰 보살펴줄 수는 없을지도 모른다. 하지만 그럼에도 나는 전문가에게 내 아이를 믿고 맡기기로 했다. 다행히 우리 아이 역시 엄마 아빠의 선택을, 우리가 선택한 전문가인 어린이집 선생님을 많이 좋아하고 따른다.

# 전문 운용 인력에
# 투자를 맡기자

✦

투자의 방법은 두 가지다. 주식이든 부동산이든 내가 직접 사고파는 직접투자가 있는가 하면, 전문가가 운용하는 투자상품에 투자하는 간접투자가 있다.

재테크도 마찬가지다. 내가 직접투자하기 어렵거나 혹은 자신이 없다면 전문가에게 맡길 수 있다. 가장 적은 비용으로 내 자산을 맡기는 방법이 펀드 투자다.

펀드는 많은 사람으로부터 모은 대규모 자금을 다양한 투자 대상에 분산투자한다. 위험을 최소화하면서도 안정적인 수익률을 기대할 수 있어 워킹맘에게 가장 적합한 투자 대상으로 꼽는다.

또 투자자금이 부족해 직접투자를 하기 어려운 투자 대상도 펀드를 통하면 소액으로 투자할 수 있다. 삼성전자 주가가 300만 원에 근접했을 당시, 고가의 주식을 사기 어려운 일반투자자들이 삼성전자가 포함된 펀드에 투자했듯이 말이다.

주식과 채권을 비롯해 각종 금융상품을 잘 알지 못하는 일반투자자가 손실위험을 줄이면서 수익을 내기 위해선 많은 시간과 노력이 필요하다. 특히 쪼개고 쪼개도 시간이 없는 워킹맘에게는 어려운 일일 수 있다. 만약 펀드에 투자한다면 전문가들이 알아서 운용을 해주니 시간과 노력을 줄일 수 있다.

# 펀드는
# 분산투자의 정석

✦

펀드는 분산투자의 정석이라고 할 수 있다. 펀드에서 분산투자를 실천하는 방법은 다양하다.

첫째, 자산을 한 군데만 투자하지 않고 주식과 채권, 실물 등으로 균형 있게 유지할 수 있다. 과거엔 국내 주식형 펀드만 있던 시절이 있었다. 하지만 이제는 해외 주식과 부동산, 선박, 유전, 농산물, 와인 등에 투자하는 다양한 펀드가 있어 선택 폭이 넓어졌다.

둘째, 투자 스타일을 분산할 수 있다. 같은 투자 대상이라도 투자 방식에 따라 분산투자가 가능하다. 주식에 투자하더라도 대형주와 중소형주, 가치주, 성장주, 배당주 등 투자 방식이 다양하다. 대형주 장세에서는 대형주로 수익을 내고, 중소형주 장세에서는 대형주의 주춤한 수익률을 중소형주로 만회할 수 있다. 또 업종별, 종목별, 스타일로도 분산할 수 있어 다양한 투자가 가능하다.

셋째, 투자 지역을 분산할 수도 있다. 국내 투자는 물론 해외 각 지역에 분산투자해 각국의 경기 상황에 따라 대응할 수 있다. 해외투자에서는 환율이 변수가 되기도 하지만, 다른 통화를 사용하는 다양한 국가에 투자하면 통화 변동 위험에 대비할 수 있다.

넷째, 투자 시점을 분산할 수 있다. 안정적인 수익률을 위해서는 거치식보다 적립식으로 위험을 분산하는 것이 좋다. 적립식은 투자 대상의 가치가 떨어지면 많이 사고, 가치가 오르면 덜 사는 방식으로 조절이 가능해 평균 매입 단가를 낮추는 코스트 애버리징 효과를 기대할 수 있다.

나는 코스트 애버리징 효과를 극대화하기 위해 지수가 떨어지는 시점에 투자금을 넣는 방식을 택했다. 저점일 때 투자금이 추가로 들어가기 때문에 꾸준히 일정 시점에 적립하는 것보다도 더 큰 효과를 누릴 수 있다. 대신 내가 가진 펀드의 투자 대상을 꾸준히 살펴봐야 하는 노력은 필수다.

이 때문에 나는 매달 일정한 시점에 투자금액을 적립하는 형식이 아니라 온라인으로 언제든 쉽게 투자금을 불입할 수 있는 펀드슈퍼마켓을 이용했다. 나의 펀드 수익률과 그래프를 체크해 저점이라고 판단되는 시점에 1~3달치를 한꺼번에 불입하는 방법을 선택했다.

기본적으로 적립식은 소액을 꾸준히 저축하는 방식이어서 단기간에 고수익을 노릴 수는 없다. 그러나 장기적인 관점에서 꾸준히 납입하면 안정적인 플러스 수익을 얻을 확률이 높다.

펀드 초보 워킹맘이라면 전문가의 힘을 빌려, 여유자금으로 다양한 펀드에 장기투자하는 것이 가장 적합한 투자 방식이라고 할 수 있다.

# 이름부터 클래스까지
# 세밀하게 살펴보자

연말이 되면 엄마들은 더욱 바빠진다. 다음 해 3월 입학 시즌을 앞두고 원하는 어린이집과 유치원의 입학설명회에 다니면서 더 많은 정보를 수집하고 지원서를 접수해야 한다. 그래야 정원에 변동이 생기는 대로 우리 아이를 더 좋은 어린이집이나 유치원에 보낼 수 있기 때문이다.

초등학교나 중고등학교도 마찬가지다. 특히 맞벌이 부부라면 공교육 후 아이가 혼자 보내야 하는 시간이 많은 만큼 사립학교에 보낼지, 방과후에 사교육으로 스케줄을 채울지, 돌보미나 할머니의 도움으로 가정교육을 할지 등을 결정해야 한다.

나 역시 다른 엄마들과 다를 바 없다. 복직 전에는 정원이 다 차지 않은 민간 어린이집 중에 가장 나은 곳을 찾기 위해 상담을 다니며 발품을 팔았고, 이후엔 입학이 가능한 국공립 어린이집으로 옮기기 위해 입학설명회를 섭렵했다.

워킹맘은 설명회에 한 번 참석하기도 하늘의 별 따기다. 일부는 워킹맘을 배려해 금요일 저녁 시간 등으로 설명회 시간을 잡지만, 그렇더라도 오후 6~7시에 열리는 설명회에 참석하려면 한겨울에도 땀을 뻘뻘 흘리며 뛰어야 시간 안에 간신히 도착한다.

아이가 없을 때는 어린이집, 유치원이 다 비슷하지 설명회가 뭐 그리 중요하냐고 생각했던 적도 있다. 하지만 현실은 정반대였다. 나는 설명회에 가기 전 궁금한 사항을 추리고 추려 열 가지 정도 적어갔다.

설명회 현장은 기자간담회를 방불케 했다. 나를 포함한 학부모들의 질문이 계속 이어졌다. 등·하원 시간부터 특별활동, 방과후 수업, 원비, 급식과 간식, 낮잠 시간 등 충분히 예상 가능한 질문부터 영아의 경우 배변 후 어떻게 씻는지, 식판이나 물컵은 어떤 걸 사용하는지, 교실 청소는 어떻게 하는지까지 각양각색의 디테일한 질문들이 쏟아졌다. 아이를 맡기는 부모의 걱정과 고민, 궁금증이 모두 반영된 질문이었다.

아이에게 장난감이나 책 하나 사주면서도 알아보고 또 알아보는데 아이를 계속 맡겨야 할 보육기관을 결정하는 일에 꼼꼼하게 신경을 쓰는 것은 당연한 일 아니겠는가.

# 펀드 이름에
# 모든 게 있다

✦

아이에 관해서는 사소한 궁금증까지 해결해야만 직성이 풀리면서, 왜 가입한 펀드는 누가 운용하는지조차 모르는 상태로 덜컥 가입해버리는 걸까. 이름이 길고 어렵단 이유로, 증권사나 은행 창구 직원의 말만 듣고 가입해왔던 관행을 이젠 고칠 때가 됐다.

알고 나면 어렵지 않은 펀드의 이름과 종류부터 알아보자. 길고 어려운 펀드 이름에도 규칙이 있다. 단어별로 띄어보면 운용회사와 전략, 투자자산, 보수 방식까지 모두 파악할 수 있다.

'신영고배당증권투자신탁(주식)A'라는 펀드가 있다. '신영/고배당/증권투자신탁/주식/A'로 나누고 앞에서부터 자산운용사, 운용전략·방식, 펀드, 투자자산, 클래스 순으로 읽으면 된다.

똑같은 방식으로 '삼성WTI원유특별자산[원유-파생]A'를 보면 '삼성자산운용이 WTI원유에 투자하는 특별자산펀드로 파생상품에 투자하는 A 클래스 펀드'라는 걸 알 수 있다.

| 펀드명 | 자산운용사 | 운용전략·방식 | 펀드 | 투자자산 | 클래스 |
|---|---|---|---|---|---|
| 신영<br>고배당<br>증권투자신탁<br>(주식)A | 신영 | 고배당 | 증권투자신탁 | (주식) | A |
| 삼성<br>WTI원유<br>특별자산<br>[원유-파생]A | 삼성 | WTI원유 | 특별자산 | [원유-파생] | A |

# 나에게 유리한
# 클래스를 선택하자

펀드 이름이 같더라도 마지막에 붙어 있는 알파벳, 클래스에 따라 수익률이 달라질 수 있다. 친구와 분명 같은 펀드에 같은 시기 가입했는데 몇 년 뒤 수익률이 3.5%나 벌어졌다면 클래스로 생긴 차이로 보면 된다.

클래스는 같은 펀드 내에서 판매수수료의 부과 시점과 가입 경로에 따라 구분되는 펀드의 세부 종류다. 기준가격이나 판매보수, 수수료가 달라질 수 있는 만큼 투자 기간과 목적에 따라 클래스를 구분해 가입하는 것이 합리적이다.

예를 들어 장기투자라면 A 클래스가 좋다. 가입 시 1% 내외의 일회성 선취수수료를 내야 하지만 매년 내는 판매보수가 상대적으로 낮아 장기투자에 적합하다. 장기투자자라면 C1, C2 등으로 표시되는 CDSC 클래스도 살펴볼 필요가 있다. 초기 비용 부담이 크지만 매년 금융회사에 대행료로 지불해야 하는 판매보수가 줄어드는 장점이 있다.

반대로 단기투자자라면 C 클래스가 유리하다. C 클래스는 판매보수가 A 클래스보다 높지만 가입 시 선취수수료를 내지 않아도 된다.

| 클래스 | 특징 |
|---|---|
| A (창구) | 선취판매수수료 + 낮은 판매보수 |
| A-e (온라인) | A 클래스보다 낮은 판매수수료와 보수 |
| A-g (창구) | |
| C (창구) | 판매수수료 X, 높은 판매보수 |
| C-e (온라인) | C 클래스보다 낮은 판매보수 |
| C-g (창구) | |
| CDSC (C1, C2, C3…) | 판매수수료 X, 높은 판매보수<br>(초기 판매보수가 높고 매년 줄어든다) |

# 투자처를
# 정하자

+

투자자산도 중요하다. 어느 자산에 투자하느냐에 따라서 주식형과 채권형, 혼합형, 실물자산형 등으로 펀드를 나눌 수 있다.

주식형펀드는 말 그대로 주식에 투자한다. 변동성이 커 손실위험이 크지만 기대수익도 높은 편이다. 일반적으로 저금리, 고물가 상황에서 주가 상승에 따른 고수익을 기대할 수 있다.

경기가 나쁠 때는 투자위험이 적은 채권형펀드가 좋다. 주식형펀드보다 기대수익은 낮지만 상대적으로 안전하다. 국공채나 회사채를 비롯해 단기금융상품에 투자해 채권의 이자수익과 매매차익을 추구하는 펀드인 만큼 주로 증시가 하락하거나 금융시장이 불안정할 때 안정적인 수익률을 기대할 수 있다. 반면 금리 상승기에는 채권 가격이 떨어지니 금리 변동의 흐름을 읽으며 투자하는 것이 좋다.

여러 펀드를 살펴보기 어렵다면 혼합형펀드도 좋다. 투자자산 일부는 주식에, 나머지는 채권에 투자하는 펀드다. 채권 비중이 높으면 채권혼합형펀드, 주식 비중이 높으면 주식혼합형펀드라고 한다.

원유를 비롯한 실물에 투자하는 파생상품펀드도 있다. 요즘은 부동산을 매입한 후 임대하거나 비싼 가격으로 매각해 매매차익을 추구하는 부동산펀드도 인기다.

국내 투자자산 외에도 해외 주식과 채권, 실물에 투자하는 해외펀드도 있다. 해외투자가 하고 싶어도 직접투자가 어려운 투자자에게 좋은 상품이다. 다만 해외펀드에 투자하려면 환율 변동에 따른 위험도 따져볼 필요가 있다.

적극적으로 펀드를 여러 개 가입하겠다는 의지가 있다면 소액으로 분산해 여러 개의 펀드에 가입하는 것이 좋다. 내 지인은 펀드에만 투자를 하는데, 펀드를 주식하듯 사고팔고 한다. 적극적으로 투자하면서도 리스크를 낮출 수 있는 방법이다. 하지만 이도저도 귀찮다면 잘 나가는 혼합형펀드에 가입하는 것도 방법이 될 수 있다.

# 펀드의 외모를
# 살펴보자

싱글일 때 백화점에서 쇼핑하다가 아이 옷 가격을 보고는 소스라치게 놀란 적이 있다. 금방금방 커버리는 아이한테 왜 수십만 원짜리 옷을 입혀야 하는지 도무지 이해할 수 없었다. 나는 절대 그럴 리 없다고 생각했다.

하지만 지금은 이해된다. 내 아이에게는 좋은 옷만 입히고 싶어서일까. 그보다는 내 아이가 나에게 소중한 만큼 다른 사람 눈에도 그렇게 보이길 원해서인 듯하다.

일반화의 오류일 수는 있으나 아이가 입은 옷이나 외모를 보고 그 아이의 부모와 자라는 환경을 판단하는 경향이 많기 때문이다.

사실 따지고 보면 어른도 마찬가지 아닌가. 그 사람이 입은 옷과 가방, 시계, 끌고 다니는 차를 보면서 그 사람의 사회적 지위와 경제적 상황 등을 추측하곤 한다. 학부모 모임에 가면 명품백을 들지 않는 사람이 없다고 하지 않나. 그래서 많은 사람들이 무리해서라도 명품을 사거나 수십 개월 할부로 외제차를 몰고 다니는 게 아닐까.

사람은 간사한 동물이다. 겉모습을 보고 그 사람을 대하지 않나. 나는 그런 사람이 아니라고 당당하게 손을 들 수 있는 사람이 몇이나 될까. 머리로는 모든 사람을 똑같이 대한다고 하지만 길거리를 지나다 행색이 지저분하면 피하기 마련이다. 잘 차려입고 품위있어 보이는 사람에게는 나도 그에 걸맞은 태도로 대하게 된다.

아이도 마찬가지일 테다. 아이를 대하는 태도가 아이의 차림에 따라 달라질 수 있으리라 본다. 모든 선생님이 꼭 그렇지는 않겠지만 나 또한 사람을 대할 때 그러하니 혹시 선생님도 무의식중에 태도가 달라질 수도 있지 않을까 하는 생각이 들었다. 어린이집에 갈 때도 아이 옷을 깔끔하고 단정하게 입혀 보내는 이유다. 꼭 비싼 옷이 아니더라도 아이가 예쁘게 보일 수 있는 옷을 입혀 보내고 싶은 것이 엄마의 마음이더라.

특히 항상 아이의 옆자리를 지켜줄 수 없는 일하는 엄마라면 더더욱 아이 옷차림에 신경 쓸 수밖에 없다. 혹시나 엄마가 잘 챙겨주지 못한다고 밖에서 무시 당하지 않을까 하는 걱정에서 말이다.

# 펀드의 외모를 이루는
# 네 가지 요소

✦

어떻게 좋은 펀드를 고를까. 펀드를 볼 때도 외모를 봐야 한다. 펀드의 외모를 보면 운용사에서 얼마나 그 펀드에 신경을 쓰는지 알 수 있으니 결과 또한 좋을 수밖에 없다.

그렇다면 펀드의 외모는 뭘까. 주식형과 채권형, 혼합형, 실물자산형 등 투자자산이나 대형주, 배당주, 중소형주 등 투자 유형을 펀드의 내면으로 본다면 외모는 운용사와 운용 규모, 운용 기간, 수익률 등이라 할 수 있다.

## 1. 운용사

펀드는 같은 투자자산에 투자하더라도 수익률은 운용사마다 제각각이다. 같은 중국 주식형펀드라도 수익률이 많게는 수십 퍼센트씩 차이가 나니 투자자산만 봐서는 안 된다는 말이다.

펀드매니저의 역량에 따라 시장수익보다 더 높은 초과 이익을 얻거나 반대로 낮은 수익률을 기록할 수 있다. 따라서 어떤 운용사에서 어떤 펀드를 운용하는지 살펴보고 믿을 수 있는 운용사를 선택하는 것이 좋다.

운용 인력이 얼마나 자주 바뀌는지도 확인해야 한다. 펀드 운용 성과에 가장 큰 영향을 미치는 것은 운용 전문 인력이다. 운용팀이 하나의 펀드를 얼마나 오래 끌고 가느냐도 중요한 신뢰 포인트다. 이 때문에 운용사에서 수억 원의 연봉을 주고서라도 스타 매니저를 영입하기 위해 애를 쓰는 것이다. 누군가는 스타 매니저가 운용한다면 믿고 펀드에 가입한다고도 하더라.

## 2. 운용 규모

내가 펀드를 선택할 때 가장 중요하게 여기는 부분은 운용 규모다. 보통은 새로운 펀드를 출시할 때 운용사에서 자기자본을 투자해 초기 시드머니로 운용하고, 어느 순간 자금이 충분히 모이면 초기 투자자금인 시드머니를 뺀다.

어떤 방식으로든 펀드 투자를 하기 위한 자금이 충분히 확보되지 못하면 분산투자가 원활하지 않아 안정적인 수익을 기대하기 어렵다. 투자자금이 아니라 자기자본이 투입된 것일지라도 자기자본이기 때문에 더더욱 운용에 힘을 쓸 것이다. 그러므로 가급적 자산 규모나 설정 금액 등을 보고 운용 규모가 큰 펀드를 고르는 것이 좋다.

반대로 생각하더라도 운용 규모가 크면 그만큼 좋은 펀드고, 수익률이 잘 나오기 때문에 자금이 몰린다고 볼 수 있다. 펀드 만족도가 좋지 않다면 투자자들이 환매를 많이 할 테고, 그러면 곧바로 운용 규모가 줄어들 수밖에 없다.

또 많은 투자자가 모여 운용 규모가 커지면 운용사 입장에서는 더 신경 쓰고 관리할 수밖에 없다. 운용사가 집중하는 펀드에 자금이 몰리고, 안정적인 수익을 확보하면서 또다시 자금이 몰리는 선순환 구조가 만들어진다는 얘기다.

## 3. 운용 기간

자본시장은 경제 사이클과 대내외 변수에 따라 상승과 하락을 반복한다. 변동성이 큰 시장에서 오랜 시간 버텨왔다는 것은 위기와 하락을 견뎌낸 검증된 펀드라고 볼 수 있다.

일반적으론 이미 검증된 펀드로 안정적인 수익을 확보하고 싶다면 운용 기간이 오래된 펀드를 고르라고 추천한다. 하지만 나의 개인적인 기준에서는 운용 기간이 짧다고 해서 좋지 않은 건 아니다. 신규 펀드는 운용사에서 새롭게 힘을 싣는 상품이기 때문에 운용 인력과 마케팅 측면에서 또 다른 기대를 할 수 있는 부분이 있다. 또 오래되면서 관심이 덜해진 상품은 운용사에서는 미운 오리 새끼일지도 모르니 말이다.

## 4. 수익률

물론 무엇보다 중요한 것은 수익률이다. 과거 수익률이 미래 수익률을 보장해주진 않지만 그동안의 성과로 신뢰를 확보할 수 있다.

다만 무조건 수익률이 높은 펀드가 좋은 펀드는 아니다. 이미 투자자산이 많이 올라서 고점일 가능성도 있기 때문이다. 따라서 비교 지수나 같은 유형의 펀드 수익률을 함께 비교해보는 것이 현명하다.

예를 들어 2018년 상반기 주식형펀드 수익률은 곤두박질쳤다.

글로벌 주식시장이 전반적으로 꼬꾸라지면서다. 상반기 수익률이 0.3%인 펀드를 보면서 예적금 금리보다 낮다고 등한시할 것이 아니라, 이런 시황에서도 마이너스를 피했다면 올라갈 때 더 힘을 받을 수 있다는 것을 아는 게 중요하다.

또 단기 수익률만 보지 말고 중장기 수익률을 함께 보는 것이 좋다. 같은 펀드라도 지속해서 우수한 운용 성과를 내는 펀드를 선택해야 한다.

# 내 성향을
# 파악하자

나는 워킹맘이다. 어떤 날은 내가 워킹맘인 것이 뿌듯하고 보람차다. 일하면서 아이를 갖고 싶은 그 누군가에게 혹은 엄마지만 일도 하고 싶은 그 누군가에게는 소중한 꿈일 수 있기 때문이다. 또다른 어떤 날은 워킹맘이 나를 억누르는 삶의 무게로 느껴진다.

물론 모든 엄마가 혹은 모든 여성이 워킹맘이어야 할 필요는 없다. 나는 워킹맘이지만 워킹맘과 전업맘, 싱글 여성, 결혼은 했지만 아이가 없는 모든 여성의 결정을 존중한다. 자신의 삶의 방향과 가치관, 주변 상황에 따라 스스로가 선택한 결정이기 때문이다.

결혼하기 전 여성들은 '결혼을 할 것인가', '혼자 살면서 나와 일에 집중할 것인가'를 두고 많은 고민을 한다.

결혼을 한 후 아이를 낳기 전의 여성들은 '나는 일만 할 것인가', '나는 일하면서 아이를 낳을 것인가'를 두고 고민한다. 또 아이를 낳은 후에는 '커리어를 유지하면서 아이를 키울 것인가', '집으로 돌아가 엄마의 역할에 충실할 것인가'의 선택지를 두고 하루에도 몇 번씩 고민한다.

선배 워킹맘들은 아이가 성인이 될 때까지 그 고민이 계속될 것이라고 말한다. 2017년 보건복지부와 국민건강보험공단이 발표한 '경력 단절 여성 실태조사'에 따르면 초등학교 입학 시즌인 2~3월에 직장을 그만둔 여성은 1만 5,000명이 넘는다고 한다. 엄마의 손길이 많이 필요해지는 초등학교 입학을 앞둔 시기가 일하는 엄마에게 가장 큰 고비라는 얘기다.

그러면 초등학교를 졸업하면 괜찮아질까. 중고등학교에 진학하면 수험생 엄마로서 각종 교육정보를 취득하고 아이를 뒷받침해주기 위한 또 다른 고비가 찾아온다. 그렇게 한고비 한고비를 넘기다 아이의 교육이 끝날 때쯤 되면 어느새 이미 회사 내에서 내가 설 자리는 없어지는 것이다.

나는 아이가 어린 지금이 가장 큰 위기라고 생각했는데 오산이었다. 우리가 계속 가져가야 할 고민의 무게를 조금이라도 줄이려면 나는 혼자 살 수 있는 사람인지, 일을 해야 하는 사람인지, 아이를 낳아 기르는 것만으로도 행복을 느낄 수 있는 사람인지 나 자신을 더 철저하게 파악해 나의 성향에 가장 잘 맞고 덜 후회할 만한 선택을 해야 한다.

# 오프라인·온라인
## 어디서 살까

+

펀드 투자도 내 성향을 잘 알아야 성공할 수 있다.

우선 펀드에 가입하려면 증권사나 은행의 창구에 가서 상담을 받고 가입하는 방법이 있다. 대부분의 사람들은 이 방법을 택한다. '펀드 하나 가입해볼까' 하며 가까운 은행에 가서 상담을 받고 추천받은 상품에 가입하거나, 다른 목적으로 은행에 갔다 직원의 권유로 덜컥 가입하는 경우가 대부분이다. 하지만 이렇게 가입할 경우 판매사에게 판매수수료를 내야 한다. 판매수수료를 아끼려면 인터넷이나 모바일을 통해 온라인펀드에 가입하면 된다.

비대면계좌 개설이 가능해지면서 창구를 방문해야 하는 번거로움도 사라졌으니 바쁜 엄마들에겐 제격이다. 모바일로 신분증을 사진으로 찍고 가입 절차에 따라 진행하면 된다.

창구에서 판매하는 펀드도 온라인을 통해 살 수 있다. 앞서 언급한 클래스를 보면 된다. 펀드명 뒤에 클래스가 Ae나 Ce로 분류되면 A와 C 클래스의 온라인판매 상품이라는 얘기다. 이 펀드들은 증권사 온라인 채널에서 가입할 수 있다. 거래하는 증권사가 있다면 편리하게 구매할 수 있다.

S가 붙은 상품은 펀드온라인코리아가 운영하는 펀드슈퍼마켓 사이트(www.fundsupermarket.co.kr)에서 살 수 있다.

내가 자주 이용하는 사이트는 펀드슈퍼마켓이다. 다양한 종류의 펀드를 모아 판매하는 온라인 펀드 쇼핑몰이라고 이해하면 쉽다. 주식형 펀드 기준 연평균 판매보수가 0.35%선이라 저렴한 비용으로 가입할 수 있다. 은행이나 증권사 창구에서 판매하는 펀드와 비교하면 3분의 1 수준, 온라인 전용 펀드와 비교해도 절반 수준이다.

## 나의 투자 성향 평가절차

+

오프라인이든 온라인이든 어디에서 펀드를 가입하더라도 꼭 거쳐야 할 절차가 있다. 나의 투자 성향 평가다. 커리어우먼으로 남을지, 엄마가 될지 혹은 워킹맘이 될지, 전업맘이 될지를 결정할 때 나의 성향을 파악하듯 펀드 가입에도 필수 코스다.

투자 성향은 투자자의 연령과 투자 경험, 재산과 소득 상황, 원금손실에 대한 감내도 등을 바탕으로 안정형, 안전추구형, 위험중립형, 적극투자형, 공격투자형 5단계로 분류한다.

기본적으로는 자신의 성향과 맞는 펀드에 가입한다. 하지만 투자자 본인이 결과에 책임을 진다고 동의하면 자신의 성향보다 더 공격적인 상품에 가입할 수도 있다.

그런데 투자 성향만 두고 투자한다면 수익률을 높일 좋은 기회를 놓칠 수 있다.

위험중립형이라도 중장기투자가 가능한 자금이면 위험 단계가 더 높은 펀드에 가입하는 유연성도 필요하다. 그리고 투자 목적과 기간에 따라 투자 대상을 선택해 안정성과 수익성을 동시에 추구하는 펀드 포트폴리오를 짜는 것도 좋다.

무엇보다 손실이 났을 때 감당할 수 없어 투자를 중단하거나 환매하는 상황을 만들지 않기 위해서는 감당할 수 있는 투자 손실을 정확히 파악하는 것이 중요하다.

그리고 개인의 재무 상황이나 경기 상황에 따라 펀드 비중을 조정하는 것이 좋다.


## 증권사 일임형 랩어카운트

✦

펀드는 환매 시점이 가장 중요하다. 같은 펀드라도 언제 사고 언제 팔았느냐에 따라 수익률이 천차만별이다.

펀드슈퍼마켓이나 온라인 매체를 이용하면 언제든 펀드 수익률을 확인하고 추가로 돈을 더 넣을 수도 있다. 펀드 수익률 알림 서비스를 신청해 내가 지정해 놓은 수익률 범위를 벗어나면 알림을 받을 수도 있다.

펀드 선별부터 포트폴리오 조정, 환매 시점 잡기까지 처음에는 진입하기 힘들고 관리할 여유가 없다고 느껴지겠지만 방법은 있다.

증권사의 일임형 랩어카운트에 가입해 내 자산을 맡기는 방법이다. 주식, 채권, 펀드 등 다양한 투자자산에 투자하지만 펀드에만 투자하는 랩 상품도 있다.

랩 상품은 고객의 투자 성향과 목표 수익률에 맞춰 알아서 운용해주니 펀드 운용에 포트폴리오 배분까지 전문가를 이중으로 이용할 수 있다.

이때 투자자는 서비스 수수료만 내면되지만 회사별, 상품별로 수수료 차이가 커 꼼꼼하게 따질 필요가 있다. 다만 펀드를 매매할 때마다 발생하는 수수료는 랩 보수로 일원화돼 추가 비용은 발생하지 않는다.

# 퇴직금을
# 잘 굴리자

숨이 차오른다. 가슴이 답답하다. 머리가 깨질 듯이 아프다. 아무 일도 없는 평온한 어느 날, 갑작스럽게 이런 고통이 찾아오곤 한다. 건강이 안 좋은가 싶어 매년 받는 건강검진에서 CT까지 찍었다. 그런데 아무 이상이 없다.

정상이라는 건강검진 결과에도 안도보다는 "그럴 리 없는데…"라는 말이 나왔다. 그럼 대체 왜 이런 증상이 나타난단 말인가. 몇몇 친구에게 증상을 얘기했다. 돌아오는 답변은 "나도 그래"였다.

다들 이렇게 산다는 말인가. 친한 선배는 육아휴직 후 복직하자 밤에도 잠을 못 잘 정도로 증상이 심해져 결국 약물치료까지 했다고 한다. 하지만 차도가 없어 결국 회사를 그만뒀더니 괜찮아졌단다.

이런 심리적 상태가 계속되면 증상이 나타날 수밖에 없다. 하지만 주변 사람들은 절대 상상하지 못한다. "너처럼 밝고 외향적인 사람은 사회생활을 계속해야지", "워킹맘이 힘들다지만 너는 강철 멘탈이라 아무 걱정 없을 것 같아", "일할 때 딸은 보고 싶니?" 마구 던지는 말에 나는 호탕한 웃음으로 넘기지만 보이는 것이 다는 아니다.

나도 아이를 가진 엄마고, 회사에서는 남들처럼 욕심 있게 일하고 싶은 직원이다. 두 역할 사이에서 나는 항상 아슬아슬하게 줄타기를 하는 여느 워킹맘과 같다.

조금이라도 균형이 틀어지면 이 줄에서 떨어지고 만다. 사람들은 외줄 타는 사람을 올려다보며 환호성을 지르지만 누구도 그에게 손을 내미는 사람은 없다.

"회사 그만둘래?" 어느 날 나의 지친 모습을 본 남편이 제안했다. '퇴직금으로 뭐라도 해볼까?' 생각이 스친 것도 잠시, 이직하면서 퇴직금을 일시금으로 받아 이사할 때 보태 쓴 것이 아쉽기만 하다.

퇴직금을 일시금으로 받으면 세금도 어마어마하다. 돈이 필요하긴 했지만 굳이 그 돈을 그렇게 쓴 것이 후회된다. 퇴직금, 잘만 굴리면 나의 힘이자 재테크 수단인 것을.

# 퇴직연금으로
# 퇴사 후를 준비하자

✦

100세 시대다. 하지만 고학력자가 늘고 취업난이 심각한 우리나라에서는 30세를 전후로 느지막이 취직하고, 정년이 보장되는 공무원 정도는 돼야 그나마 60세에 퇴직을 한다. 일반 회사에 다니는 직장인들은 50세까지 회사에 다니는 것도 아등바등하다. 길어야 30년 직장 생활을 하면서 은퇴 후 40~50년을 준비해야 한다는 뜻이다.

인생 이모작을, 아니 삼모작을 준비해야 하는 지금, 퇴직연금은 우리의 은퇴 후 생활을 보장해주기도 하고, 이모작을 위한 밑거름이 되어주기도 한다. 특히 언제 갑작스러운 퇴사 시기가 찾아올지 모르는 일하는 엄마들에게는 더욱 큰 재테크 씨앗이 된다.

우리가 준비할 수 있는 연금은 세 개다. 우선 국가가 운영하는 의무적인 연금제도인 국민연금이다. 직장인들의 평균 소득인 월 369만 원을 받는 직장인이 30세부터 30년간 매월 기준소득월액의 9%를 국민연금에 내면 65세부터 매월 90만 원의 연금을 수령할 수 있다.

우리가 실질적으로 퇴직금이라고 부르는 퇴직연금도 있다. 평균 소득을 받는 직장인이 30년간 매월 급여의 8.3%를 퇴직연금에 적립하면 총 적립 원금은 1억 1070만 원, 여기에 운용 수익률 연 3%만 더해도 퇴직연금 총액은 1억 7555만 원이 된다. 국민연금과 퇴직연금의 적립은 내가 결정할 수 있는 것이 아니라 신경쓸 필요가 없다. 다만 퇴직연금의 경우 선택이 필요한 부분이 있다.

최근 퇴직급여 수준을 사전에 확정하는 확정급여형(DB)보다 기업이 퇴직금을 개인별 계정에 적립하면 근로자가 선택한 금융상품에 넣어 운용하는 확정기여형(DC)을 선택하는 기업이 늘어나면서 운용 수익률이 더 높아지기도 한다. 아직도 DC형은 원금을 보장해주지 않는 위험한 상품이라 여기는 근로자가 많다. 하지만 매달 회사가 일정액을 금융회사에 납입하고 근로자가 예금부터 펀드 상품까지 다양한 선택을 할 수 있으니 기호에 따라 선택하면 된다. 오히려 회사가 언제, 어떻게, 어디에 쌓아두고 있는지 명확히 알 수 없는 DB형이 더 위험할 수도 있다.

마지막은 개인연금이다. 강제성 없이 개인이 가입해 원하는 만큼 붓는 연금이다. 연금저축과 개인형퇴직연금(IRP)에 연간 700만 원 한도로 연말정산 세액공제 혜택까지 받을 수 있으니 일석이조다. 30년간 매년 세액공제 한도 금액인 700만 원을 적립하면 총 적립 원금은 2억 1000만 원, 운용 수익률이 연 3%라고 가정할 경우 3억 3300만 원이 된다.

# 개인연금, 맞벌이면
## 소득 적은 쪽으로

✦

국민연금과 퇴직연금은 강제성이 부여된 자산이다. 하지만 개인 연금은 본인의 선택에 따라 가입과 금액을 결정할 수 있다. 개인 연금은 정부가 국민 노후자산 형성을 지원하기 위해 다양한 세제 혜택을 제공하고 있다.

우선 연금저축은 400만 원 한도에서 세액공제 혜택을 준다. 총 급여가 5500만 원 이하인 경우 400만 원 한도 내에서 16.5% 세 액공제를 받아 66만 원을, 5500만 원을 초과하면 13.2%로 52만 8,000원 세액공제를 받을 수 있다. 다만 총급여가 1억 2000만 원을 초과하면 300만 원에 13.2%로 한도가 줄어든다.

IRP는 연금저축을 포함해 700만 원까지 세액공제 혜택을 받을 수 있다. IRP로만 한도를 채울 경우 소득 5500만 원 이하면 연간 115만 5,000원, 5500만 원을 초과하면 92만 4,000원을 연말정산에서 세액공제를 받을 수 있다.

소득공제 때문에 개인연금에 가입하는 직장인들이 많은 이유다. 세액공제 혜택을 최대로 받는다고 가정하면 매년 115만 5,000원씩 30년 동안 3465만 원을 받는 셈이다.

세액공제율은 총급여에 따라 달라지므로 맞벌이 부부 중 총급 여가 적은 배우자가 우선으로 세액공제 한도 금액까지 납입하는 것이 유리하다. 부부합산 500만 원을 연금저축에 납입하더라도 소득이 적은 사람 명의로 연금저축 세액공제 한도 금액인 400만 원을 납입하게 되면 9만 9,000원의 새액공제를 더 받을 수 있게 된다.

연금 수령은 55세부터 가능하며, 10년 이상 분할해 연금 형식으로 수령하는 경우 연금소득세 3.3~5.5%만 세금으로 내기 때문에 인출 과세율도 낮다. 다만 연간 연금 수령액이 1200만 원을 초과하면 종합소득에 합산돼 세금 부담이 높아져 단기에 많이 수령하거나 일시금 인출을 하면 불리하다.

연금소득세는 연령대에 따라 적용세율이 달라지는데 만 55~69세라면 5.5%, 만 70~79세는 4.4%, 만 80세 이상 3.3%가 적용된다. 개인연금은 납입 시점, 운용 시점, 수령 시점 전 과정에 거쳐 세제 혜택을 받을 수 있어 절세 효과가 큰 상품이기에 중장기 재테크 수단으로 이용하면 좋다.

# 연금 상품
# 확실한 타깃을 정하자

모든 분야에서 타깃(Target)은 필수다. 타깃으로 하는 대상이 무엇을 원하는지 정확하게 파악하는 것이 성공의 첫 번째 요건이다. 사업가든, 전술가든, 정책 입안자든 모두에게 해당하는 말이다.

2017년 우리나라 출생자 수는 35만 7,800명, 합계출산율은 1.05명으로 최저치다. 2018년 2분기에는 합계출산율이 0.97로 1 밑으로 내려가 우려가 커지고 있다. 두 사람이 만나 결혼해서 평균 한 명도 낳지 못한다는 얘기다.

초저출산 문제의 심각성이 갈수록 커지면서 최근 몇 년간 출산을 장려하는 출산·육아 정책들이 쏟아지고 있다. 내가 받은 혜택만 꼽아도 출산휴가와 육아휴직, 산부인과 병원비 50만 원, 각종 영유아 검진과 예방접종 혜택, 육아 지원비 혹은 어린이집 비용 등이 있다. 어른들은 말씀하신다. "이렇게 세상 좋아졌는데 둘째

낳아야지."

하지만 모르시는 말씀. 예전보다야 좋아졌지만 한 명은 용감하게 낳았으나 둘을 도저히 못 낳겠다.

사실 사람마다 차이는 있겠지만 나를 포함해 주변의 많은 워킹맘들은 어린이집이나 출산 비용이 없어서 아이를 안 낳는 것이 아니다. 일과 가정을 둘 다 지킬 자신이 없어서, 일하는 동안 아이를 봐줄 사람이 없어서다.

정부는 그동안의 육아 정책 실패를 인정하고 돌봄 서비스와 육아기 근로시간 단축 등을 담은 새로운 정책을 제시했다. 엄마들의 마음을 조금이나마 알아준 것 같아 고마웠지만 사실 기대는 크지 않았다.

태어나는 아이는 별로 없다는데 지금도 어린이집과 유치원은 갈 곳이 없어 대기가 줄줄이다. 그런데 사회적 돌봄 서비스를 얼마나 제대로 할 것인가. 또 법정근로시간도 안 지켜지는 마당에 부모의 근로시간을 어떻게 단축하겠다는 것일까.

정책이 나온 후 몇 달이 지나도 내 삶은 달라진 것이 전혀 없으니 말이다. 2018년 9월부터 만 6세 미만 아동에게 제공하기로 한 아동수당도 마찬가지다. 소득 상위 10%를 제외한 가정에 아동 한 명당 10만 원을 매월 지급해주는 제도지만, 많은 맞벌이 부부들이 혜택을 받기 어려운 기준이다.

가진 재산도 없는데 혜택도 없다며 울상이지만, 그조차 배부른 소리라고 누군가에겐 비난의 대상이 될 테니 속 시원하게 토로조차 못한다.

한편으로는 10만 원을 받는다 한들 아이를 더 낳을지도 의문이다. 적어도 내 주변에는 돈이 없어서 아이를 못 낳는 사람보다 아이를 돌볼 여력이 없어 못 낳는 사람이 더 많다.

타깃층이 진심으로 필요한 사항을 제대로 파악하지 못한 채 줄줄이 내놓는 정책은 효과가 없을 수밖에 없다.

# 장기간 투자하는 만큼
# 확실한 목표 정하기

✦

연금 상품에도 확실한 목표가 필요하다. 어떠한 재테크 상품보다도 장기적으로 투자하는 만큼 확실한 투자 목적과 목표 시점, 목표 수익률 등을 정해야 한다.

나의 퇴직금 혹은 나의 노후 자산을 안전하게 지키기 위해 원금 보장형 상품에 가입하는 경우가 많다. 퇴직연금에 가입할 때도 원리금 보장을 위해 확정급여형(DB)을 선택하는 직장인이 여전히 많다. 개인연금 역시 마찬가지다. 예금·적금을 택해 내 노후 자산을 지키겠다고 다짐한다.

하지만 지금과 같은 저금리 시대에 물가상승률을 고려하면 지금의 100만 원이 연금 수령 시점인 20~30년 후에는 얼마의 가치를 가질까. 20년 전에는 월급 100만 원으로도 충분히 먹고 살 만했던 시절이 있었다는 것을 떠올려보면 아차 싶다.

돈을 쥐고 있으면 시간과 함께 가치는 떨어진다. 물가와 함께 연동할 수 있으려면 물가상승률 이상의 수익률을 확보해야 한다. 내 노후 자산 100만 원이 20년 후 적어도 지금의 100만 원의 가치를 낼 수 있도록 상품 탐색에 들어가자.

개인적으로는 연금펀드를 추천한다. 국내 주식, 해외 주식, 채권, 환율, 원유 등 다양한 자산에 분산투자하고 시장변화에 따라 투자 비중을 조정하거나 펀드를 갈아타면 된다. 개인연금에

100만 원이 있더라도 10만 원씩 열 개의 펀드에 가입할 수도 있고, 상황에 맞게 펀드를 변화해 운용하면 된다는 얘기다. 투자자의 투자 성향에 맞춰 전문가가 알아서 여러 자산에 투자하는 자산배분형펀드도 이용할 수 있다.

안정성을 중시하는 투자자라면 인컴펀드도 좋다. 인컴펀드는 고배당 주식, 고금리 해외 채권 등에 투자해 시세차익보다는 배당, 이자 등 정기적인 수익을 투자 목적으로 하는 중위험·중수익 금융상품이다.

최근에는 투자자의 생애주기에 따라 투자자산 비중을 조정하는 라이프사이클펀드에 대한 관심도 늘고 있다. 연금 상품 투자자가 20대일 수도, 50대일 수도 있으니 투자 기간과 목표에 맞게 투자 전략을 변경하는 구조다.

## 워킹맘에게 최적화된
## 타깃데이트펀드

✦

요즘 인기를 끌고 있는 TDF(Target Date Fund, 타깃데이트펀드)는 대표적인 라이프사이클펀드다. TDF는 투자자의 은퇴 시점을 목표 일로 잡고 생애주기에 맞춰 자동으로 자산을 배분하는 형태로 운용한다.

미국에서는 이미 20년 전 도입돼 1000조 원 이상 팔린 연금 상품이지만 국내에서는 2018년부터 본격적으로 선보이면서 세를 불리고 있다.

예를 들어 은퇴 시점을 기준으로 기간이 긴 20~30대 사회 초년기 투자자의 경우 주식 비중을 높여 공격적으로 투자하고, 은퇴 시점이 가까워질수록 주식을 줄이고 채권 비중을 높여 안정적인 투자를 하는 방식이다.

기존자산배분형 펀드는 투자 성향에 따라 자산을 배분해 은퇴 시점과 관계없이 모든 투자자의 자산을 일률적으로 운용하는 단점이 있었다.

반면 TDF는 생애주기와 은퇴 시점까지 남은 기간을 고려해 위험자산 비중을 조정한다는 차이가 있다. 은퇴 시점과 투자자의 투자 성향을 반영해 은퇴 시점을 늘리거나 앞당겨 설정하기 때문에 좀 더 공격적이거나 안정적으로 운영할 수도 있다.

최근엔 TDF에 이어 인출식연금펀드도 선보이고 있다.

은퇴 시기는 빨라지는데 살아가야 할 날은 오히려 늘어나다 보니 연금을 유지하면서도 은퇴 자산을 조금씩 빼서 쓸 필요가 많아지고 있기 때문이다. 언제 어떻게 퇴사할지 모르기에 연금펀드는 쳐다보지도 못했던 워킹맘에게 최적의 상품이 아닐까 싶다.

투자자가 원하는 필요와 삶의 사이클에 맞춘 다양한 상품들이 계속 만들어지고 있는 만큼 관심 있게 살펴보면서 내 노후 자금을 불려보자.

# 5장

# 퇴사와 창업, 스스로 월급을 주기까지

# 퇴사 목표를
# 세워라

회사 종무식 날 회사는 나에게 '날로 먹기 상'을 줬다. 너무 화가 났지만 박수를 치며 웃는 임원들 앞에 나갈 수밖에 없었다. "출산 휴가에 육아휴직까지 다 쓰고 놀다왔는데 이런 상까지 주셔서 너무 감사합니다. 여기 계신 임원들 모두 엄마라는 존재가 없었으면 이 자리에 안 계셨을 텐데 엄마의 역할을 날로 먹었다고 표현하시다니…. 제가 더 많이 노력해서 회사 문화가 더 선진화될 수 있게 하겠습니다." 그 순간 종무식 분위기는 싸해졌다.

설마 이런 일이 현실에서는 있지 않겠지. 맞다. 꿈이다. 어찌나 스트레스가 심했던지 육아휴직 당시 복직을 앞두고 이런 웃지 못할 꿈도 꿨다.

복직한 지 얼마 되지 않은 어느 날, 일본의 아사히신문사 기자 출신 이나가키 에미코가 쓴 《퇴사하겠습니다》라는 책을 제목만 보고 읽기 시작했다. 이제 일을 하겠다고 집을 나선 워킹맘이 퇴사를 주제로 한 책을 집어 들다니….

이나가키 에미코는 나처럼 결혼하지도, 아이를 낳지도 않은 그야말로 자유로운 영혼이었다. 어쩌면 가족도, 아이도 없어서 홀가분한 선택을 했을지도 모른다. 하지만 그런 그도 퇴사 준비를 10년이나 했다고 한다.

직장인 90% 이상이 사표를 던지고 싶은 충동을 느낀 적 있다고 한다. 울컥하는 마음에 사표를 정말로 꺼낼 수도 있지만, 우리는 대부분 참아낸다. 좀 더 나은 생활을 하고 싶은 욕구가 마음속에 자리하고 있기 때문일 것이다.

이나가키 에미코와 같이 무소유의 삶을 추구할 것이 아니라면 더욱 철저한 준비가 필요하다. 혹자는 회사에 다니면서 퇴사를 준비하는 건 신의성실의 원칙에 위배된다고 할 수도 있다.

하지만 지금 우리가 사는 시대는 100세 시대다. 정년까지 채우기가 하늘의 별 따기고, 혹시라도 정년까지 채우더라도 우리는 그동안 일한 시간보다 살아야 할 날이 더 많은 셈이다. 언젠가는 퇴사해서 또 다른 인생을 살아야만 한다.

인생 이모작, 요즘은 인생 삼모작이라고까지 한다. 삼모작을 위해 땅을 일구는 데 더 오랜 시간을 소요해야 한다는 말과도 같다. 나 스스로, 그리고 우리 가족이 만족할 만한 완벽한 퇴사를 위해 지금부터 준비하자.

# 퇴사의 팔 할은
# 마음 준비에 달렸다

✦

막상 회사에서 나오면 '차가운' 현실을 마주하게 된다. 이나가키 에미코는 퇴사하자마자 살 집을 구하는 일부터 휴대전화, 신용카드 개설에 모두 어려움을 겪는다. 회사원이라는 것만으로도 존재했던 신용이 없어졌기 때문이다.

우리 현재의 생활을 보더라도 크게 다르지 않을 것이다. 대출이자, 보험료, 카드값, 통신비 등으로 월급이 금방 사라지지 않던가. 당장 월급이 끊긴다면 이 모든 것에 어려움을 겪을 수도 있다.

이나가키 에미코는 '없어도 풍요롭다'고 가치관을 바꾸며 살아간다. 돈을 쓰지 않아도 행복한 라이프스타일을 익혀 나가면서다.

하지만 나는 그와 생각이 다르다. 없어도 풍요롭다는 마음가짐보다는 '퇴사를 해도 풍요로울 수 있다'고 마음가짐을 바꾸는 편을 택했다.

회사가 나에게 월급과 명함과 신용을 만들어주고 있지만, 그것만이 결코 풍요로움을 만들어주지 않는다는 것을 깨닫기까지는 생각보다 많은 시간이 필요했다.

주변 엄마들의 얘기를 들어봐도 알 수 있다. 대부분 불가피한 상황에서도 회사를 그만두지 못하는 이유는 월급과 경력 단절 때문이다. 지금 당장 그만뒀다 다시 월급이 필요해지더라도 단절된 경력 때문에 일자리를 구할 수 없을 것이란 불안감이 늘 존재한다.

한국 직장인들의 평균 통근 시간은 58분으로 OECD 국가 중 가장 길다고 한다. 나 역시 출근에만 1시간 20분을 소요한다. 하루에 3시간을 길에서 낭비하고, 지친 몸으로 종일 내가 원하든 원하지 않든 주어진 일을 해야 한다. 마치 회사만이 나의 삶을 책임져주는 것처럼 회사에 인생을 쏟는다.

하지만 회사가 나의 10년 뒤, 20년 뒤의 미래까지 책임져줄 수는 없다. 퇴사하면 인생이 끝날 것 같지만, 결코 그렇지 않다. 퇴사는 언제든지 일어날 수 있는 일이기에 평소 마음의 준비를 해둬야 한다.

## 미리 은퇴 시점을
## 정해둬라

✦

"뭐라도 먹고살겠지…." 내 주변 직장인들의 마음가짐이다. 대학도 나오고 직장 생활도 했는데, 혹은 내가 지금까지 회사 다니면서 쌓은 인맥과 능력이 있는데 뭐라도 하지 않겠느냐는 생각이다. 얼마 전까지 나 또한 그랬다.

"내 성격이면 뭐라도 해서 먹고살아"라며 큰소리를 치기도 했다. 하지만 내가 가진 무엇이든 먹고사는 문제를 전적으로 책임져주지는 않는다. 막연함은 금물이다.

내가 언제까지 회사 생활을 할 수 있을지, 언제쯤이면 은퇴 후를 완벽히 준비할 수 있을지 명확하게 목표를 세워야 한다. 상황에 따라 은퇴 시점이 빨라질 수도, 늦춰질 수도 있지만 어느 정도 예상 시점을 설정하는 건 필요하다.

은퇴는 아직 나에게 먼 얘기라고 치부하다가는 갑작스러운 상황을 마주할 수도 있기 때문에 예상 시점에 맞춰 준비해야 한다. 은퇴 후 일을 하지 않아도 생활할 수 있는 자금을 쌓든, 은퇴 후에도 돈을 벌 수 있는 준비를 하든 말이다.

# 준비된 자만이
# 은퇴를 즐길 수 있다

✦

은퇴 준비를 착실하게 해나가고 있는 워킹맘을 살펴보면 크게 세 부류로 나뉜다.

첫 번째는 착실한 재테크다. 1장에서 언급한 적 있듯 내가 워킹맘 대신 전업맘을 선택했다면 내 월급은 어차피 없는 돈이다. 이 돈을 통째로 주식, 펀드, 채권, 연금, 부동산 등으로 분산투자해 자산 규모를 키워 은퇴 자금을 확보하는 방법이 있다. 혹은 수익형 부동산 투자로 퇴사 후에도 안정적인 수익이 나올 수 있게 할 수도 있다.

두 번째는 재취업을 위한 자격증 취득이다. 스스로 사업이나 창업을 하기에는 부담스럽고 다른 준비를 할 경제적, 시간적 여유가 없는 사람들이 무난하게 선택하는 방법이다. 현재의 경력을 살릴 수 있거나, 혹은 아이를 돌볼 수 있는 시간 확보가 가능한 프리랜서 직업과 관련된 자격증을 주로 취득한다.

세 번째는 창업이다. 거창하게 큰 규모의 사업이 아니더라도 내가 잘할 수 있고, 시장성 있는 분야의 창업을 준비할 수 있다. 창업 분야에 따라 기술을 배워야 하고, 시장성 분석, 상가 입지 분석 등 준비를 철저히 해야 실패하지 않는다. 은퇴 후 퇴직금으로 무턱대고 프랜차이즈 창업을 했다가 망하는 경우가 비일비재하다. 창업을 쉽게 봤다가는 큰코다칠 수 있다.

퇴사 시점을 설정하고 은퇴 준비를 시작하자. 그래야만 웃으면서 쿨하게 사표를 내는 꿈을 실현할 수 있다.

# 미리 배우자

"아이를 위해서 이민 가고 싶어요", "아이에게 좋은 교육 환경을 만들어주기 위해 유학을 보내고 싶어요." 아이가 있는 부모라면 한 번쯤 생각해봤을 법한 고민이다.

출산하지 않는 부부들에게 아이를 낳지 않는 이유를 물어보니 "헬조선(지옥 같은 한국)은 저까지만"이라는 대답이 높은 비중을 차지한다. 왜 우리나라는 헬조선이 됐을까. 너무 많은 문제가 존재하지만 아이의 교육만 생각하더라도 헬조선이라는 표현에 수긍이 간다.

아이가 태어난 지 일 년이 지나자, 또래 엄마들이 학습지와 전집을 알아보기 시작했다. 이제 '엄마'를 겨우 내뱉는 아이에게 교육을 시작하는 것이다. 어렸을 때의 창의 교육이 성인까지 간다는 이유에서였다. 좀 더 앞서가는 엄마들은 아이에게 영어 노출을 시작한다. 어렸을 때 들은 언어는 쉽게 습득이 가능하다는 이유에서다.

초중고등학교는 어떠한가. 나의 중고등학교 시절을 생각해봐도 마찬가지다. 교과서 위주의 주입식 암기 교육을 받으며 누가 더 잠을 적게 자고 암기를 잘 하느냐로 인생이 갈린다고 세뇌당하며 자랐다.

20~30년이 지난 지금은 달라졌을까. 학원에 가지 않으면 친구를 만날 수가 없어서 학원에 간단다. 과거보다 더하면 더 했지, 절대 덜 하지 않다는 얘기다.

고등학교를 졸업하고 대학에 진학하면 과연 교육은 끝이 날까. 이때부터는 취업을 위한 준비다. 영어 점수를 위한 어학원부터 각종 자격증 취득을 위한 학원, 원하는 업종에서 필요로 하는 전문교육 기관까지 섭렵해야 한다. 언제부터인가는 해외 연수도 필수가 되지 않았나.

최근 모교에 들른 적이 있다. 전통이 오래된 동아리를 했던지라 동아리실에 들러 후배들에게 간식이라도 건네주며 오손도손 인사라도 건넬 셈이었다. 나의 대학시절만 하더라도 다음 날 시험이지만 선배가 오면 술 한잔 나누며 미래에 대한 조언을 구하는 일이 많았다. 너무 큰 기대였던가. 지금의 후배들은 책상에 코를 박고 토익 공부하기에 여념이 없었다.

그렇다면 취업을 하면 편안해질까. 입사 초중반에는 각종 승진시험을 준비하느라 바쁘고, 어느 때부터인가는 퇴사를 위한 준비로 열을 올린다. 그렇게 배움에는 끝이 없다.

# 워킹맘도
## 샐러던트가 될 수 있다

✦

샐러리맨(Salary man)과 학생(Student)을 합쳐 공부하는 직장인을 '샐러던트'라고 부른다. 많은 직장인들은 혹시 모를 상황에 대비하는 보험격으로 자격증 취득에 나선다.

가장 일반적으로 많이 도전하는 부분이 국가공인 전문자격증이다. 국가에서 인정해주는 자격이라 든든하다는 생각과 함께 학력이나 나이 제한 없이 도전할 수 있는 자격증이 많기 때문이다.

대표적인 국가전문자격증에는 공인중개사, 감정평가사, 주택관리사, 경비지도사, 공인노무사, 농산물품질관리사, 도로교통사고감정사 등이 있다.

이밖에 전공이나 외국어 능력에 따라 취득해두면 좋은 국가자격증이 있다. 외국어에 자신 있다면 관광통역안내사, 상담 관련 학사학위를 취득했거나 실무 경력을 가지고 있으면 청소년상담사, 사회복지학 학위가 있거나 사회복지사업 실무 경험이 있다면 사회복지사 등에 도전해볼 수 있다.

신재생에너지발전설비사, 온실가스관리사, 건축물에너지평가사, 속기사, 보석감정사, 전기산업기사 등 전문적인 기술이 필요한 국가기술자격증도 많다. 한편 기술자격 중에서 네일미용사, 조리기능장, 한복기능사, 직업상담사 등 학력이나 자격요건 없이 사설학원에서 기술을 습득해 자격을 취할 수 있는 자격증도 있다.

# 워킹맘에게 추천하는
## 자격증

✦

지금 이 상황에서 벗어나 새로운 일을 찾아야 한다면, 조금 더 가정과 아이에게 신경 쓸 수 있고 워라밸이 가능한 직업이 좋을 것이다. 또 진입 문턱이 지나치게 높다면 도전 자체가 쉽지 않을 수도 있다. 그렇다면 워킹맘이 취득하면 좋은 자격증은 무엇이 있을까.

국가자격증 외에 민간자격증도 많다. 민간에서 만든 자격이다 보니 인정 여부는 경우에 따라 달라지기도 하지만, 자격증 취득을 통해 각 직업에 필요한 기본 학습을 마치고 사설 기관에서 일자리 연계도 해주기 때문에 만족할 만한 결과를 기대할 수도 있다.

최근에는 초중고등학교를 비롯해 각 기관에서 조직원의 심리상태를 파악하고 전문적인 상담을 할 수 있도록 돕는 심리상담사를 필요로 하고 있다. 또 빠르게 변화하는 사회에서 새롭게 생겨나는 미래에 유망한 직업을 소개하고 각자가 가진 능력에 맞춰 직업을 발굴할 수 있게 도와주는 직업상담사도 인기 있다.

워킹맘의 조력자 역할을 하는 직업도 있다. 부모를 대신해 미취학아동의 등·하원을 돕고 식사, 목욕, 학습 등 전반적인 가정생활을 돌봐주는 베이비시터도 자격증이 있다.

또 학교나 사회복지관, 문화센터 등에서 취학아동이 하교 후 다양한 학습을 할 수 있도록 도와주는 방과후지도사도 짧은 시간 프리랜서 형식으로 일할 수 있어 엄마들 사이에서 인기 있다.

# 창업에 대해
# 제대로 알자

"엄마랑 아빠가 회사에 가서 돈 벌어야 까까 사줄 수 있어. 잘 놀고 있으면 회사 갔다 오면서 까까 사올게." 평소에는 자는 아이를 뒤로하고 출근하지만, 아주 가끔 일찍 눈을 떠 출근하는 엄마와 아빠를 붙잡고 울 때 쓰는 방법이다.

까까 사온다며 아이를 달래고 출근을 한 어느 날, 너무 어린아이라 엄마와의 약속을 기억하고 있을 거란 생각은 미처 하지 못한 채 맨손으로 퇴근했다. 그런데 말도 잘 못하는 아이가 나를 보자마자 '까까'를 외치는 것이 아닌가. 나는 얼른 다시 슈퍼에 가서 과자를 사왔다. 아이가 엄마와 한 약속을 온종일 기억하며 기다렸고, 엄마와 떨어져 있던 시간을 과자로라도 보상받으려 한다는 생각에 눈물이 고였다.

과자로 시작해 이제는 원하는 장난감이나 인형을 말하기도 한다. 엄마와 아빠가 회사에 가야 돈을 벌고, 그래야 본인이 원하는 것도 사줄 수 있다는 것을 이해하기 시작하면서는 쿨하게 웃으며 '빠빠이'를 해주기도 한다. 엄마를 기다리는 것인지 장난감을 기다리는 것인지 의심스러울 때도 있으나, 어쨌든 일을 해야 돈을 벌고 돈이 있어야 무언가 살 수 있다는 것을 알게 된 것은 교육의 힘이라고 믿는다.

이 모습을 보고 계신 친정어머니는 짠해서 봐줄 수가 없다며 안타까워하신다. 돈 때문에 출근해야 하고, 돈 때문에 부모와 아이가 떨어져야 한다는 느낌을 아이가 받으면 아이 정서에 부정적일 수 있다는 우려도 한몫한다. 이런 이유로 아이가 어렸을 때 돈과 경제 논리를 알게 하는 것을 싫어하는 부모도 주변에 많다.

과연 언제까지 아이에게 경제 논리를 제외한 사회의 순수한 면만을 보여줄 수 있을까. 이제 우리 부모뿐 아니라 아이들에게서도 돈, 경제를 빼고는 어떠한 것도 설명하기 어려워졌다.

우리 부부는 어차피 알려줘야 할 일이라면 돈과 경제관념에 대해 아이에게 자연스럽게 제대로 알려주는 편을 택했다. 슈퍼에도 일부러 데려가고, 돈을 내야 살 수 있다는 것을 보여주기도 하고 가짜 카드를 아이에게 주고 카드로 물건을 살 수 있다고 알려주기도 한다. 또 아이의 전용 저금통을 마련해주고 칭찬받을 일을 하거나 동전이 생기면 꿀꿀이 저금통에 넣도록 했다. 투명 저금통에 조금씩 동전이 차는 모습을 보며 아이는 흐뭇해하기 시작한다.

그 언제가 될지라도 제대로 아는 게 무엇보다 중요하다.

# 창업, 쉽게 봤다가
# 큰코다친다

✦

"회사 그만두면 카페 하나 차려야지", "퇴직금 받으면 빵집이나 치킨집 차려야지", "열심히 돈 모아서 편의점이나 차려놓고 놀아 야지."

우리는 막연히 회사에 다닐 수 없게 된다면 가게나 하나 차리 겠다는 생각을 하곤 한다. 열심히 돈을 모아 가게만 열면 나에게 많은 돈을 안겨줄 것 같은 행복한 상상을 하기도 한다. 내가 사장 이니 지금처럼 하기 싫은 일은 하지 않아도 될 것 같아 더더욱 설 렌다.

그렇게 해서 하루에도 수많은 카페와 빵집, 치킨집이 문을 연다. 하지만 안타깝게도 하루에 문을 여는 가게보다 문을 닫는 가게가 더 많다. 2017년 하반기 전국 8대 업종 폐업률은 2.5%로 창업률 2.1%보다 높았다. 심지어 소상공인이 운영하는 10개 가게 중 4곳 은 창업 1년 만에 문을 닫은 것으로 집계됐다.

폐업의 이유는 여러 가지겠지만 단기간에 실패하는 대부분의 이유는 특별한 준비 과정 없이 은퇴 후 돈을 벌겠다는 일념만 가 지고 가장 무난한 업종으로 무턱대고 창업을 했기 때문이다.

회사 다닐 때는 막연히만 생각하다 회사를 그만두게 된 시점이 돼서야 '지금부터!'라고 선을 긋고 창업 공부와 준비를 시작하는 게 가장 큰 문제다.

# 프랜차이즈는
# 양날의 칼이다

✦

별다른 준비 없이 창업했다가는 동일 업종 간 경쟁 심화, 차별화 요소 부재, 상권분석 실패 등으로 폐업 확률이 높을 수밖에 없다.

특히 무난하게 프랜차이즈 카페나 빵집을 하겠다는 생각으로 뛰어들었다가 실패하는 경우가 많다. 내가 보는 브랜드 카페와 빵집은 모두 장사가 잘되는 것 같지만 손익분기점을 언제 넘길지, 매출에서 들어가는 비용을 제외하고 얼마가 남는지가 중요하니 보이는 게 다가 아니다.

프랜차이즈는 특별한 노하우 없이 창업이 가능하기 때문에 많은 사람이 뛰어든다. 사업과 관련한 교육부터 인테리어, 메뉴, 레시피, 광고까지 본부에서 진행해주니 상대적으로 접근하기 쉽다. 재료 공급도 본사를 통해서 하고 조리 과정도 본사 레시피대로 하면 되기 때문에 어려움이 없다. 또 체인점이 전국으로 형성됐다면 사업성이 어느 정도 보장된다.

하지만 장점이 있다면 단점 역시 있다. 기본적으로 인테리어비가 많이 들고, 각종 자재와 재료에 대한 물류비를 내야 하므로 창업비용이 많이 발생한다. 여기에 교육비, 가맹비 등 여러 비용도 무시할 수 없다. 또 지역이나 개별 매장 특수성을 반영하기 어렵다. 각 매장이 처한 상황에 따라 가격이나 메뉴를 조절할 수 없기 때문에 사업 중간중간 변화를 주기 어려워 실패 요인이 생겨도 개선하기가 어렵다.

프랜차이즈마다 비용 처리 방식이나 매장 운영 방식도 천차만별이다. 일부 프랜차이즈는 상가 보증금과 권리금, 인테리어비만 투자하면 본사에서 위탁경영을 하고 투자금에 대한 배당을 주는 형식으로 운영하는 곳도 있어 직장을 다니면서 운영할 수도 있다.

내가 운영을 진지하게 고민했던 한 프랜차이즈는 위탁경영 조건으로 나의 전체 투자금 1억 5000만 원에 대해 연 24%의 고정 수익률을 보장해줘 월 300만 원의 수익을 안겨준다고 했다.

실제로 내가 아는 한 워킹맘은 아이를 낳으면서 퇴사한 후 위탁경영 매장을 내서 일을 하지 않으면서도 과거 월급보다 많은 400만 원의 수익을 매월 받고 있었다.

프랜차이즈를 할 것인지, 한다면 어떤 업종의 어떤 프랜차이즈를 할 것인지, 나에게 맞는 운영 방식은 어떤 것이 있는지 등도 관심 있게 미리 지켜보자. 그래야 실패 확률을 줄일 수 있다.


## 아이디어를 저축해라

✦

만약 프랜차이즈 비용을 줄여 성공 가능성을 높일 수 있는 사업 구상이 있다면 나만의 아이디어를 구현해보는 것도 방법이다.

평상시 '이런 가게가 있으면 좋겠다'라고 생각한 것에 대한 구체적인 아이디어를 펼쳐보는 것이 시작이 될 수 있다. '내가 장사를 해본 적도 없는데…', '내가 사장이 될 수 있을까?' 하는 두려움만 떨쳐버리면 누구라도 가능하다.

아기 이유식을 만들면서 동네 엄마들에게 조금씩 판매하다 사업을 확장한 사례도 있지 않나.

또 해외여행 중 현지에서 맛있는 음식을 맛보고는 한국에 들여와 체인사업으로 성공한 유명한 사례도 있다. 모두 한 아이의 엄마가 해낸 일들이다.

태어날 때부터 사장으로 태어나는 사람은 없다. 간단한 생활 속 아이디어와 생각을 발전시켜 도전해본다면 창업 성공도 남의 이야기만이 아니다.

내 머릿속에만 남겨둘지, 아이디어를 발전시켜 현실로 만들지는 개인의 의지와 선택에 달려 있다. 평소 아이디어 노트를 만들어 나의 미래를 그려보자.

# 사업성을
# 철저히 검토하자

지금은 아기가 태어나고 출생신고를 해야 어린이집 대기 신청을 할 수 있지만, 내가 임신했을 당시만 하더라도 태명으로도 어린이집 대기 신청을 할 수 있었다.

임신 사실을 알고 얼마 되지 않았을 때, 재빨리 어린이집 대기 신청을 했다. 맞벌이 부부로 100점의 가산점을 받아 우선순위가 빨랐음에도 순번은 시간이 지날수록 밀려났다.

자녀가 두 명인 가구, 세 명 이상인 가구에 따라 가산점이 올라가고 다문화가족이나 한부모가족, 차상위계층 자녀 등에 추가 가산점이 붙기 때문에 같은 점수 내에서만 빠른 번호를 부여받을 뿐 점수가 높은 자녀를 앞설 수는 없다.

결국 복직 시점이 됐을 당시 멀고도 먼 대기 번호에 좌절하고 대기가 없는 가정 어린이집에 보내야 했다. 하지만 운이 좋았던 것일까, 6개월 후 대기를 걸어두었던 국공립 어린이집의 전화를 받고 당장 달려가 입학신청서를 제출하고는 만세를 불렀다.

내가 사는 곳은 오래된 아파트 단지가 워낙 많고 거주지로 형성된 지 오래돼 다른 지역에 비해 국공립 어린이집이 많은 편이었기 때문에 순번이 돌고 돌아 나에게까지 기회가 온 것이다. 출퇴근이 편한 다른 지역으로 이사를 가려고 알아보던 찰나였지만, 국공립 어린이집 당첨만으로 모든 것을 내려놓았다. 워킹맘으로서 국공립 어린이집 당첨은 조커 카드를 가진 것과 같았기 때문이다.

국공립 어린이집은 시청이나 구청의 정기적인 감사로 교육 환경이 좋은 것은 물론이고, 경제적으로도 정부 지원이 많기 때문에 질 좋은 먹을거리와 저렴한 특별활동을 보장받을 수 있다.

실제 내가 알아본 몇몇 사립 어린이집은 특별활동 두 개에 1달 견학비, 차량비 등을 포함해 월 10만~20만 원 정도를 추가로 부담해야 했지만 국공립 어린이집은 특별활동 두 개와 견학비까지 지불해도 1달에 2만 원 정도만 내면 된다.

또 모든 비용 처리를 투명하게 공개하니 경제적 부담이 최소화된다. 연말에 남은 비용이라며 모든 원생에게 3,000원 정도씩 돌려주는 걸 보고 무한 신뢰를 하게 됐다. 게다가 오전 7시 30분부터 오후 7시 30분까지 법정 보육 시간을 보장받을 수 있으니 등·하원 도우미가 필요한 가정에서는 비용도 아낄 수 있다.

국공립 어린이집에 당첨돼서 얻는 경제적 효과는 이사를 해야 하는 이유를 모두 상쇄하고도 남았다.

# '얼마가 남는가'가
# 가장 중요하다

✦

장사를 시작할 때도 마찬가지다. 얼마를 버는가보다 중요한 것은 얼마가 남는가다. 월 매출이 1000만 원이라 한들 나가는 비용이 많으면 손에 쥘 것이 없기 때문이다. 이 때문에 내가 얼마를 팔 것인가 하는 불확실한 예상보다도 확실한 비용 계산을 철저히 하는 것이 중요하다.

창업에 들어가는 비용을 자세히 살펴보자. 우선 매출과 관련 없이 고정적으로 발생하는 고정비용이 있다. 대표적으로 인건비, 임대료, 인테리어비, 대출이자와 세금, 감가상각비 등이 포함된다.

또 매출에 따라 변하는 변동비용이 있다. 재료비나 소모품비가 포함된다. 장사가 잘될수록 변동비용은 늘어나기 때문에 상황에 맞춰 비용 계산을 잘 해야 더 많은 이익을 남길 수 있다.

결국 고정비용과 변동비용을 포함한 모든 비용을 넘어설 수 있는 매출을 내야 내 손에 실질적으로 쥘 수 있는 순이익이 생긴다는 말이다.

특히 고정비 중에서도 창업 초기에 큰 규모로 비용이 들어가는 상가 보증금이나 인테리어비는 한꺼번에 매출로 상쇄하기 어렵기 때문에 회수에 수년이 걸린다. 결국 언젠가 이익과 비용이 모두 0이 되는 순간, 그 시점을 손익분기점이라고 한다.

손익분기점을 넘겨서 이익이 발생한다는 것은 창업에 들어간

비용을 모두 회복하고 순수익이 난다는 것으로, 이제 지속 가능한 환경에 놓였다는 말과도 같다. 일반적으로 짧게는 2년에서 길게는 5년 정도를 손익분기점으로 본다.

## 좋은 위치 선정 법칙

✦

가장 중요한 것은 '목'이라고 언급하는 상권이다. 어느 지역 어떤 건물에 위치했느냐에 따라 매출은 천차만별이기 때문이다.

기본적으로 유동 인구의 흐름과 고객 동선을 체크하는 것이 가장 중요하다. 국내에서 많이 쓰이는 상권 형성의 법칙이 몇 가지 있다.

먼저 '오른쪽 법칙'이다. 우리나라의 경우 퇴근길이나 하굣길의 오른쪽이 상권을 만들기 좋은 조건이다. 차량의 동선이 오른쪽이고, 대중교통도 오른쪽에서 이용해야 목적지로 이동할 수 있기 때문이다.

유동 인구가 머무는 곳은 주로 낮은 곳과 평지이기 때문에 '낮은 곳의 법칙'도 유효하다. 또 유동 인구가 많으면 자연스럽게 밀리면서 상권이 형성된다는 '푸쉬 법칙', 건물이나 도로 등 장애요인을 피해 새로운 동선을 만들면서 상권이 형성된다는 '장애물 회피 법칙' 등도 있다.

기본적인 유동 인구의 흐름도 중요하지만 내가 타겟팅한 고객이 접하기 쉬운 곳에 자리해야 한다. 예를 들어 학원이나 분식집은 학교 근처에 자리 잡는 것이 좋고, 슈퍼나 반찬가게는 퇴근길에 들르기 쉽도록 지하철역이나 버스정류장에서 주거지역으로 진입하는 곳에 자리하는 것이 좋다.

내가 생각한 창업 아이템과 창업 지역이 있다면 창업 컨설팅 전문가를 통해 확인받을 수도 있다. 또 서울시에서는 상권 관련 빅데이터로 상권분석 서비스를 하는 우리마을가게 사이트(golmok.seoul.go.kr)를 운영하고 있고, 소상공인시장진흥공단에서도 상권정보시스템 사이트(sg.sbiz.or.kr)를 운영하고 있어 도움받을 수 있다.

## 임대료와 권리금
## 제대로 알기

✦

사업비용에서 가장 큰 부분을 차지하는 것이 상가 보증금과 임대료, 권리금이다. 초기 자본금이 얼마나에 따라 보증금과 임대료를 적정 수준에서 결정하는 것이 좋다. 초기 자본금이 많다면 보증금을 늘리고 월 임대료를 줄이는 것도 방법이다.

창업에서 가장 어려운 부분이 권리금이다. 기존에 장사가 잘되던 자리에 들어갈 때 이전 주인이 새 주인에게 권리금을 받고 나

가게 된다.

이미 상권이 어느 정도 검증된 자리이기 때문에 권리금을 주고라도 들어가서 안정적인 매출을 낼 수 있다. 하지만 반대로 이전 가게보다 장사가 안 되면 내가 지불한 만큼의 권리금을 회수하지 못하게 될 수도 있다.

일반적으로 우리가 언급하는 권리금은 바닥 권리금과 영업 권리금으로 볼 수 있다. 하지만 여기에 시설 권리금도 더해질 수 있다. 같은 업종의 가게를 하게 될 때 기존 임차인이 투자했던 시설비용과 인테리어비용에 대한 권리금을 요구할 수도 있다.

시설 권리금은 초기에 비용이 들었던 만큼을 모두 주는 것이 아니라 감가상각을 정확히 계산해 이전 주인과 협상하는 것이 중요하다.

장사를 했던 지인은 가게가 생각보다 잘되지 않았을 때 가장 먼저 생각나는 것이 권리금이라고 했다. 하루하루 권리금을 잃고 있는 것만 같아 잠도 안 오고, 장사를 접어야 한다는 판단이 온 때에도 새로운 임차인을 구하지 않고 그만두면 권리금을 한 푼도 되찾을 수 없으니 꾸역꾸역 운영하는 최악의 상황이 되더란 거다.

이처럼 권리금은 되찾는 비용이 아니라 언제든 잃을 수 있는 비용이기 때문에 내가 감당할 수 있는 수준만 지불하도록 하자.

# 적은 비용으로
# 시작하자

아이가 커갈수록 워킹맘은 일과 가정 둘 다를 지키기 어려워진다. 아이러니하다. 워킹맘이 언젠가 회사를 그만두고 전업맘으로 살아간다면 어떤 요인이 가장 크게 작용할까.

얼마 전 내 친구는 복직하자마자 일주일 만에 회사를 그만둬야 했다. 물론 복직 전 어린이집에 등록하고 등·하원 도우미를 고용했다. 그런데 아이가 엄마의 복직을 알았던 걸까. 갑자기 몸이 안 좋은지 구토를 하는 아이를 두고 복직 첫날부터 회사에 아이 때문에 못 나간다는 말을 할 수 없어 출근을 했단다. 아픈 아이는 어린이집에 맡겨질 수밖에 없었는데, 어린이집 선생님은 아이들이 많으니 아픈 아이만 돌볼 수도 없었다. 그렇게 이틀째 되던 날 친구는 도저히 아이가 안쓰러워 안 되겠다며 회사에 퇴사하겠다는 뜻을 밝혔다.

어느 정도 마음을 다잡고 다니더라도 아이 때문에 야근 없이 칼퇴근하고 저녁 회식 자리나 각종 모임에 불참하는 워킹맘은 회사 내에서도 인식이 안 좋기 마련이다.

칼퇴근하기 위해 업무 시간 중에 쉴 새 없이 일하더라도 보이는 것이 중요한지라 일 안 하는 직원으로 낙인찍히기 십상이다. 게다가 우리 사회는 여전히 일하는 것보다 관계 형성을 중요하게 여긴다. 각종 모임에 불참하는 워킹맘은 조직 기여도가 떨어지는 존재가 되어버린다. 이렇게 회사 안에서 왕따가 되고 공식적인 평가에서도 좋은 평가를 받지 못해 포기해버리는 경우도 여전히 많다.

아이가 크면 나아질까. 오히려 초등학교 중학교에 진학하면 못 버티는 워킹맘이 많다고 하지 않나. 단순히 엄마의 손길을 넘어선 문제들이 발생하기 때문이다. 엄마가 일하느라 육아나 교육에 대한 정보가 없어서 우리 아이만 도태되지는 않을까 하는 마음이 사직서를 꺼내게 만든다.

하교 후 퇴근할 때까지 시간을 보낼 수 있는 공간이 필요해서 사교육에 의존하게 되고, 엄마가 직접 교육해줄 수 없다는 이유로 더 좋은 사교육을 찾다 보면 사교육비로 월급 대부분을 갉아먹게 된다. 그렇게 경제적인 부분에서 일하는 의미를 찾지 못할 때쯤 전업맘을 중심으로 형성되어 있는 정보 공유 그룹에 들어가기 위해 결단을 내린다고 한다.

과연 나는 이런 상황에 맞서 언제까지 견뎌낼 수 있을까. 항상 고민하고 걱정하는 건 나만은 아닐 테다.

# 워킹맘에 의한,
# 워킹맘을 위한 창업

✦

내가 가장 필요로 하는 것이 곧 시장의 수요다.

워킹맘의 가장 큰 걱정거리는 유치원이나 학교가 끝난 후 아이의 교육과 돌봄이다. 교육하려면 학원에 보내면 되고, 돌봄을 원한다면 돌보미를 고용하면 되지만 우리 엄마들은 두 가지 모두를 얻고 싶어 한다.

이 두 가지를 모두 충족하는 것이 공부방이다. 주 1~3회, 1회 한두 시간의 교육을 한다. 대신 아이들이 언제든 원할 때 가서 자신이 할 일을 할 수 있는 공부방이 최근 주목받고 있다.

아이들이 원하는 책을 읽고 공부할 수 있는 공간을 만들고, 정해진 시간에는 선생님에게 교육을 받는 형태로 운영하면 많은 아이를 수용할 수 있다. 워킹맘으로서 가장 먼저 생각할 수 있는 창업 아이템이다.

또 방과 후나 주말에는 아이를 데리고 키즈 카페에 가는 엄마들이 많은데, 아이들은 또래끼리 놀 수 있고 엄마들도 자신만의 시간을 가질 수 있으니 엄마들에겐 천국 같은 곳이다. 수요가 많고 엄마들의 마음을 읽을 수 있으니 창업 아이템으로 제격이다.

아이의 건강에 좋고 맛있는 반찬을 사주는 엄마들도 많다. 하지만 아이들이 건강하게 먹을 수 있는 유기농 재료로 간을 덜하고 맵지 않게 반찬을 만드는 가게를 찾기가 어려워 애를 먹기도 한다. 그렇게 반찬 가게 창업에 나서는 엄마도 있다.

창업 아이템은 멀리 있는 것이 아니라 내 생활 가까이에 있다.

## 적은 비용으로 안전하게 공부방 차리기

✦

창업에서 가장 큰 걱정은 초기 투자비용이다. 투자 대비 얼마만큼을 벌어들일 수 있느냐가 창업의 모든 것을 결정한다.

공부방은 투자비용이 아주 적은 창업 아이템이다. 지금 사는 집에 책상과 의자만 두고도 얼마든지 시작할 수 있기 때문이다. 초기 비용이 적게 들기 때문에 혹시라도 실패했을 경우에도 타격이 작다. 리스크 부담감이 큰 우리 엄마들에게는 최적의 업종이다.

공부방을 하기로 했다면 선택이 필요하다. 우선 공부방에도 프랜차이즈가 있다. 프랜차이즈를 선택한다면 질 높은 교재와 교구, 잘 짜인 커리큘럼이 있어 상대적으로 준비 과정이 적게 소요된다. 또 운영 노하우와 마케팅 노하우 등을 교육받을 수 있으니 경험이 없더라도 원활하게 창업할 수 있다.

하지만 공부방 역시 프랜차이즈로 창업하면 가맹비와 인테리어 비용이 많이 소요된다. 또 일부 업체는 가맹비에 더해 매달 로열티를 요구하는 경우도 있다. 내가 한 달 동안 벌 수 있는 금액에서 월세, 관리비, 세금, 인건비 등을 제외하고도 인테리어비, 가맹비, 로

열 티까지 내도 남는 것이 있을지 꼼꼼하게 계산해볼 필요가 있다.

프랜차이즈를 하지 않는다면 정말 내 집에서 책상과 의자만 두고 시작할 것인지, 아니면 상가를 임대해 카페나 도서관처럼 꾸며 더 많은 학생을 수용할 것인지 결정해야 한다.

다른 공부방과 차별화할 수 있는 과목 선정도 중요하다. 내가 전문적인 지식을 갖고 있다면 인건비를 크게 줄일 수 있고, 그게 아니라면 좋은 선생님을 구하거나 전문성 없이도 부모들을 설득할 수 있는 아이템을 찾아야 한다.

강남의 한 공부방은 '영어 독서방' 콘셉트로 영어 원서들을 가득 채웠다. 그리고 아이들이 원할 때는 언제든지 가서 책을 읽을 수 있게끔 했다. 별도의 교육은 없다. 단지 영어가 유창한 아르바이트생 두 명이 필요로 하는 아이들에게 책을 읽어주는 형태였다. 이것만으로도 워킹맘과 전업맘 모두의 마음을 사로잡아 지점을 늘릴 수 있었다.

## 입소문 마케팅의 진가

✦

그렇다면 마케팅은 어떻게 해야 할까. 학원이나 공부방, 과외는 주로 전단지 마케팅을 많이 한다. 하지만 전단지에 큰돈을 들여봐야 개원을 알리는 효과 정도를 볼 수 있을 뿐 실질적으로 학생을 모으기는 어렵다. 따라서 핵심 내용을 적어 A4용지에 프린트하는 것만으로 충분하다.

또 과거엔 신문에 전단지를 끼워 넣기도 했으나, 아이가 있는 30~40대 인구는 최근 종이신문을 잘 보지 않아 비용만 낭비할 뿐이다. 개원 초기에 주변 아파트 단지와 학교 주변에 홍보하는 것만으로도 충분하다. 아파트 단지 관리실에 몇십만 원만 내고 도장을 받아 1층이나 엘리베이터에 붙여놓는 것도 효과가 크다.

공부방은 돈을 들여 고객을 끌기엔 한계가 있다. 이 때문에 입소문 마케팅이 빛을 발하는 업종이다. 내가 사회생활을 하기 전 대학교 1학년 때부터 꾸준히 과외를 하며 쌓은 노하우다. 처음 한 명, 두 명이 중요하다. 이후에 들어오는 학생은 기존 학생의 지인이 대부분이다. 그래서일까. 공부방 원장 딸이 공부를 아주 잘해서 입소문을 타고 학생들이 몰리는 곳도 많다고 한다. 내가 어렸을 때도 내 친구 엄마가 공부방을 했는데, 아이가 똑똑하니 친구들이 많이 몰렸다. 하지만 내 딸과 내 사업이 모두 성공하는 행운은 쉽게 찾아오지 않으니, 학생들에게 공을 들이는 편을 선택하자.

공부방은 엄마로서 집 근처에서 적은 시간과 비용을 들여 도전할 수 있는 창업 아이템임에는 분명하나, 이 역시 결코 만만히 봐서는 안 된다. 철저히 준비하고 시작하자.

# 스타트업에
# 늦은 때란 없다

비록 태어날 때부터 엄마는 아니었지만 우리는 엄마를 해본 적 없다는 이유로 엄마이기를 거부하지 않는다. 다만 엄마가 처음이라 모든 일이 어려울 뿐이다. 하루하루 아이와 지내며 나는 엄마가 되어간다.

아이가 태어난 지 얼마 안 되었을 때, 한밤중에 아이가 이유 없이 울어댔다. 어디가 아픈 것인지, 불편한 건지 알 수 없어 아이를 안고 흔들며 몇 날 밤을 지새웠다. 어느 순간은 내가 뭔가 크게 잘못하고 있는 건 아닐까 하는 생각에 눈물이 왈칵 쏟아지기도 했다.

국민 육아 서적이라는 《삐뽀삐뽀 119 소아과》를 사서 밤에 이유 없이 우는 아이에 관해 찾아보니 영아산통 증상과 유사했다. 4개월 이하 영아의 경우 소화 기능이 미숙해 발생하는 복부 통증 때문으로 여겨질 뿐, 정확한 원인은 밝혀지지 않았다고 쓰여 있었다.

영아산통을 완화하기 위해 젖병도 바꿔보고 마사지도 해주면서 하루하루를 보냈고, 기적같이 백일이 지나면서 증상도 없어졌다. 그렇게 모르는 것투성이인 나는 그때그때 책과 인터넷으로 육아를 공부하며 하나씩 아이 키우는 법에 대해 알아갔다.

우는 아이를 부둥켜안고 뜬눈으로 밤을 지새운 것이 엊그제 같은데 벌써 네 살이다. '미운 네 살'이라고 했던가. 이제는 정말 이유 없이 떼를 부리고 울기 시작한다. 단호하게 혼을 내다가도 안쓰러운 마음에 꼭 안아주기도 하며 우왕좌왕하기 일쑤다.

어느 날은 출근 준비를 하는 나를 방해하며 떼를 부리는 네 살 아이에게 "왜 이렇게 엄마 말을 안 듣니" 하며 싫은 소리를 해버렸다. 뒤돌아 준비하는 내게 와서 "나도 엄마가 필요해"라고 속삭이는 아이의 말을 듣는 순간 미안함에 울컥했다.

나는 아무 말도 할 수 없었다. 그저 꼭 안아주며 생각했다. '미안해. 엄마도 엄마가 처음이라.' 그렇게 나는 하루하루 엄마가 되어가고 있었다.

엄마로서는 무엇이든 처음 겪는 일일 수밖에 없다. 그 모든 시작의 끝에 반드시 좋은 결실을 맺게 될 것이라 믿는 수밖에.

# 스타트업,
# 나이는 숫자에 불과하다

+

태어날 때부터 사장으로 태어난 사람은 없다. '내가 어떻게 회사를 운영하겠어. 사장은 아무나 하나'라며 좋은 사업 아이템이 있어도 마음을 접는 경우가 많다. 하지만 내가 실현하고 싶은 아이템이 있고 사업으로 키워낼 자신감과 노력할 준비가 되어 있다면 도전해보자.

아이디어를 가지고 기업을 시작해 운영하고자 한다면 스타트업, 혹은 벤처기업일 테다. 사실 기업을 시작하는 것은 일에 너무 많은 시간과 노력이 소요되기 때문에 워킹맘에게 추천하고 싶지는 않다. 하지만 나의 커리어를 쌓고 싶은 욕구가 있다면 가족의 도움과 배려를 토양 삼아 한 번쯤 도전해볼 수 있지 않을까.

엄마라면, 혹은 엄마라서 가질 수 있는 아이디어들이 있다. 이것을 현실화시킨다면 스팀청소기를 개발했던 한경희 대표 못지않게 기업을 키울 수도 있다. 한경희 대표도 평범한 주부였지만, 왜 힘들게 무릎을 꿇고 걸레질을 해야 할까 고민하다 떠오른 아이디어를 상품화했다고 한다.

그렇다면 창업에 적합한 나이는 언제일까. 젊었을 때 스타트업을 시작하면 도전적으로 할 수 있겠으나 경험이 부족해 실패할 가능성이 높다. 오히려 워킹맘처럼 가족이 있는 30~40대라면 인생경험을 바탕으로 한 관록과 역량, 노하우, 인맥 등이 뒷받침돼 안정적으로 궤도에 오를 수 있다. 하지만 실패 가능성을 줄이려다 보면 과감한 선택을 하기 힘들다는 단점이 있다.

결국 나이는 숫자에 불과하다. 그 나이에 맞는 장단점이 있기 때문에 사업에 대한 분명한 계획만 세운다면 언제든 가능하다.

# 멈출 때를
# 정하라

✦

스타트업을 시작하면서 가장 먼저 해야 할 일은 멈출 때를 정하는 일이다. 시작하면서 끝날 때를 정하라는 것은 너무 가혹하다. 하지만 스타트업 실패 가능성은 너무 높고, 미련만으로 질질 끌고 가다가는 더 큰 손실을 볼 수 있기 때문에 확실하게 그만둘 시점을 정하는 것이 중요하다.

실제 내 지인은 좋은 직장을 그만두고 스타트업을 시작했으나 3년이 넘게 그렇다 할 매출이 나오지 않는 상황이다. 초기 자본이 많이 들어가지 않는 사업이어서 손실이 거의 없기 때문일까. 그는 지금까지 접지 못하고 빈 사무실에 사업자등록증만 걸어두고 있다.

돈이 떨어지지 않았다면 유지해도 좋을까. 이익을 내지 못한다면 그 자체로 손실인 것을 창업자는 잘 모른다. 지금 당장 아주 어렵지 않다면 일단 버티기에 돌입하는 것이다.

모든 일이 그러하듯 사업 역시 내 뜻대로 되기는 어렵다. 뜻대로 잘되지 않는다면 성공 가능성이 있는 부분을 살려 계획을 수정하고 가능성을 점검해봐야 한다. 그래도 아니라면 과감하게 멈춰야 한다.

사업을 시작한 지 얼마가 됐는지는 중요하지 않다. 가능성이 없다면 언제라도 멈추는 것이 중요하다.

그렇다면 사업을 지속할 수 있는 요인은 무엇일까. 매출이나 수익이 지속해서 발생한다면 사업을 끌고 갈 만한 동력이 충분하다. 혹시 수익이 나지 않더라도 엔젤투자자나 벤처캐피털 등에게 투자를 받을 수 있다면 긍정적인 신호다. 전문 투자자가 검증한 사업인 만큼 사업의 잠재력은 인정받은 것이기 때문이다.

# 사장이 되기 전에
# 꿈을 분명히 하라

✦

내 꿈이 사장으로서 이 기업을 키워 나가는 것인지, 기업을 잘 만들어 좋은 값에 파는 것인지도 분명하게 방향성을 잡아야 한다.

기업을 통해 이익을 실현하는 방법은 여러 가지다. 먼저 주식시장에 주식을 상장하는 기업공개(IPO)로 창업자와 투자자는 지분을 매각해 이익을 실현할 수 있다. 주식 대부분을 좋은 가격에 매각해 부를 이루고, 기업경영에서 물러나는 경우도 많다. 그것이 목표였다면 비난할 이유는 없다.

인수합병(M&A)도 방법이다. 회사의 지분 일부나 전부를 경영권과 함께 다른 회사에 매각하면서 창업자들과 투자자가 돈을 버는 방법이다. 사실 대부분의 스타트업이 일정 수준에 오르는 순간 회사를 대기업에 팔아 넘겨 사회적 문제가 되기도 하지만, 이 또한 하나의 선택지이리라.

기업을 시작할 때 구체적인 사업계획과 실행방법을 알아보기에 앞서 사업에 대한 큰 그림을 그리고 경영 목표를 세우는 작업이 우선시돼야 한다.

# 도움이 필요할 땐
# 당당히 말하자

"여자는 직장보다 가정만 우선시해서 늘 한탄하시던 부장님 앞에
서 (임신했다는 말이) 입이 안 떨어져서 죄송합니다."

판사들의 이야기를 다룬 드라마 〈미스 함무라비〉에 나오는 대
사다. 성공에 눈이 먼 부장판사에게 임신 사실을 말하지 못해 과
도한 업무에 시달리다 결국 유산에 이른 여판사가 병실에서 부장
에게 호소하는 내용이다.

세상이 많이 달라졌다지만 여전히 사회생활을 하는 여성들은
임신 사실을 최대한 늦게 알리고 싶어 한다. 회사에서 좋아하지
않을 것이 분명하기 때문에 임신했다는 이유로 배려받기보다 오
히려 눈치 보지 않는 편을 택하는 것이다.

내 주변만 둘러보더라도 대부분 임신 사실을 숨기다가 배가 나
오기 시작하거나 더는 말하지 않을 수 없는 시점에 회사에 얘기한

다. 그래서 가장 조심해야 할 임신 초기에 과도한 업무를 피하지 못해 위태위태한 생활을 이어가기도 한다.

"나는 지금 도움이 필요하다. 하지만 이 시기를 지나면 도와준 만큼 갚겠다. 나의 역량을 보여주겠다"라고 자신 있게 말할 수는 없는 걸까.

'임신 기간이라고 무리하게 업무를 부여하지는 못할 테고, 출산휴가며 육아휴직을 쓰면 또 1년이 지나갈 테고, 복직하면 당분간은 적응하랴 애 보랴 남보다 더 성과를 내기는 힘들지 않나' 하는 사회 전반적인 생각과 분위기가 임신한 여성들을 더욱 움츠러들게 만드는 것일 수 있다.

근거 없는 생각도, 잘못된 생각도 결코 아니다. 드라마에서 남자 판사들은 이렇게 얘기한다. "임신한 여직원에게 뭐라고 할 수는 없지만, 그렇다고 솔직히 남은 직원들은 업무가 더 늘어나는데 손뼉 치며 기뻐해줄 일도 아니지 않냐." 우리 사회의 슬픈 단면이다.

나 역시 임신 사실을 빠르게 알리지 못해서 아픈 경험을 해야 했고 다시는 똑같은 실수를 하지 않겠다며 배려를 요구했다가 결국 회사에서 내 능력 그대로를 인정받지 못 하는 경험도 했다. 워킹맘이라는 이유로, 엄마가 되고 싶다는 이유만으로 하지 않아도 될 경험을 언제까지 꼭 해야만 하는 걸까.

# 아이디어는 있는데
# 돈이 없다면

✦

"나는 지금 도움이 필요하다. 하지만 이 시기를 지나면 도와준 만큼 갚겠다. 나의 역량을 보여주겠다"라고 자신 있게 말해야 할 때가 또 있다.

바로 스타트업을 시작할 때다. 나에게 충분한 자금이 있어 회사 설립 자본금을 스스로 출자할 수 있다면 더할 나위 없이 좋겠지만 지금 나에게는 아이디어와 기술만 있을 뿐 아이디어를 실현할 자금이 부족하다면 어떻게 해야 할까. 투자자금이 없다고 아이디어를 머릿속에만 남겨두기는 아깝지 않나.

스타트업 관련 서적을 보다 보니 스타트업에 투자하는 사람들은 가족, 친구 아니면 바보들이라고 하더라. 이 이야기는 초기 기업에 투자하는 것은 위험도가 높아 바보 같은 투자라는 해석과 동시에, 바보가 되더라도 투자하고 싶을 정도로 비즈니스모델이 좋아야 한다는 두 가지 해석이 가능하다.

하지만 최근 정부의 경제정책 중 핵심이 초기 기업을 지원해주는 모험자본을 활성화하는 것이기 때문에 스타트업이 투자를 받을 수 있는 방법은 과거보다 다양해졌다.

정부에서 직접 지원하는 정책도 많다. 공유 사무실 공간을 제공해주거나 장비 대여 등 현물을 지원하고, 다양한 공모 사업을 통해 사업화를 위한 전체적인 멘토 서비스를 진행한다. 정부가 보조해 낮은 금리로 금융대출을 받을 수 있도록 융자 지원을 하기도 하고 신용보증기금, 기술보증기금, 중소기업진흥공단 등은 스타트업에 직접투자를 하기도 한다.

기업도 스타트업 발굴과 투자를 위해 각종 공모 사업을 진행하고 있다. 일차적으로는 사회 공헌 차원이지만, 아이디어를 가진 기업에 투자하거나 사업 연계 가능성을 모색하기도 한다. 이런 기업을 전략적투자자(SI)라고 부른다.

실제 삼성전자는 사내 벤처 프로그램 '씨랩'을 향후 외부에 개방해 아이디어가 있는 사람이 스타트업을 할 수 있도록 지원할 예정이다. 롯데그룹도 창업 보육 기업인 '롯데액셀러레이터'를 설립하고 스타트업을 모집해 초기 자금과 인프라, 멘토링을 제공하고 있다. 이외에도 많은 대기업이 다양한 방식의 지원을 시작했다.

내가 직접 회사를 경영하는 데 도움이 필요하다면 우리 회사에 맞는 지원사업을 찾아보는 것도 방법이 될 수 있다.

## 확신이 있다면
## 적극적으로 투자받자

✦

가장 바람직한 방법은 지원을 받는 것을 넘어 적극적으로 자신의 비즈니스모델을 설명하고 투자자금을 유치하는 것이다.

최근 스타트업 기업들 사이에서 크라우드펀딩이 주목받고 있다. 크라우드펀딩은 대중을 뜻하는 크라우드(Crowd)와 자금조달을 뜻하는 펀딩(Funding)을 조합한 용어다. 일반 대중의 소액 투자금을 모아 스타트업과 같은 작은 기업들이 아이디어나 기술을 구현할 수 있도록 지원한다.

가장 일반적인 형태가 증권형이다. 크라우드펀딩 플랫폼 사업자나 증권회사를 통해 기업에 투자하고, 향후 기업이 수익이 나면 투자수익을 얻을 수 있다. 최근 금융투자업계가 크라우드펀딩을 포함한 모험자본 투자에 나서고 있어 금융투자회사를 접촉해보는 것도 방법이다.

크라우드펀딩은 리워드형도 있다. 제조업의 경우 생산자가 투자자로부터 선주문을 받아 주문량만큼만 제품을 생산해 재고 부담 없이 제품을 만들어 팔고, 투자자는 좀 더 저렴한 가격으로 빠르게 제품을 살 수 있다.

최근 한 크라우드펀딩 몰에서는 엄마가 만든 패션 잡화 브랜드가 펀딩에 성공했다. 아이가 그린 그림을 모티브로 디자이너인 엄마가 패션 잡화 상품에 접목시켰고 그것이 브랜드가 된 것이다. 충분히 엄마가 할 수 있고, 엄마이기 때문에 가능한 사업 아이템이다.

또 다른 기업은 정보를 바탕으로 아이들이 또래들과 어울릴 수 있는 오프라인 놀이 클래스를 제공하고, 다양한 재능을 가진 사람들이 아이들을 위한 클래스를 자유롭게 운영할 수 있는 서비스를 만들어 제공하고 있다. 평범하게 기업에 다니던 아빠들이 창업한 회사지만, 사실 부모라면 생각할 수 있는 작은 아이디어로 시작한 사례다. 이 역시 크라우드펀딩에 성공했다.

크라우드펀딩이 불특정 다수의 소액투자자로부터 자금을 조달받는다면, 클럽의 형태로 조직화한 개인들이 돈을 모아 창업 기업에 필요한 자금을 대고 주식으로 그 대가를 받는 투자형태가 엔젤투자다. 특히 엔젤투자는 자금을 넘어서 경영 자문이나 노하우도 제공해 적극적으로 기업 성장에 도움을 주기도 한다.

엔젤투자보다 투자 규모가 커지고, 투자 전문성을 가진 사람들이 조직화해 만든 것이 액셀러레이터다. 액셀러레이터는 창업 아이디어만 존재하는 단계의 신생 스타트업을 발굴해 사무실, 마케팅, 홍보 등 비핵심 업무를 적극 지원하는 역할을 한다.

또 벤처금융의 핵심이자 투자의 가장 상위 단계라 할 수 있는 곳이 창업투자회사, 신기술금융회사, 유한책임회사(LLC) 등을 일컫는 벤처캐피탈(VC)이다. VC 투자 유치 과정은 어렵지만 투자 규모가 크고, 투자 유치 사실만으로도 기업가치를 평가받았다는 인식이 강해 기업 성장에 큰 힘을 받을 수 있다.

이런 과정을 거쳐 향후 장외시장이나 코넥스시장을 거쳐 코스닥, 코스피 기업공개로 이어지는 성장 사다리를 밟을 수 있다면 성공한 사업가가 될 수 있다.

언제 시작할지, 또 시작한다면 어디까지 갈 것인지는 자신에게 달려 있다.

# 내 딸이 살아갈 더 나은 세상을 위해

나는 금수저인가 흙수저인가. 나에게 극단적인 표현을 쓰고 싶지 않았고, 내가 어느 위치에 있는지 평가받는 것을 피해왔다. 하지만 나의 위치에 따라 내 아이의 수저 색깔이 결정된다고들 한다.

아이에게 적어도 흙수저를 쥐여주지 않기 위해서, 그리고 은수저라면 금수저로 빛깔만이라도 조금 바꿔주기 위해서 나는 워킹맘의 길을 택했고, 일하면서도 재테크에 많은 관심을 가질 수밖에 없었다.

이전에 나에게 돈은 중요한 가치가 아니었다. 하지만 아이가 태어났고 아이가 누릴 세상을 풍요롭게 만들어주기 위해서는 돈이 중요한 요소가 되어버렸다. 수저의 빛깔을 바꾸는 일이 점점 어려워진다. 어떠한 재테크 수단으로도 한순간에 숟가락을 바꿀 수는 없다.

그 언젠가는 은행 예적금만으로도 10%대의 이자를 받을 수 있었고, 주식시장을 '물 반 고기 반'으로 일컬었을 때가 있었고, 펀드에 투자만 하면 100% 수익률을 낼 수 있다고 했던 시대가 있었다. 또 부동산만 있으면 큰 부자가 될 수 있었던 때도 있었다.

하지만 지금은 흙수저가 돈을 벌기 점점 더 어려운 세상이다. 월급으로만 살아남기는 팍팍하고 투자 대상은 점점 사라지고 있다. 열심히 뛰어다니고 공부해서 투자하는데 예전 같은 수익률을 기대하기 어렵다.

또 열심히 투자하는 투자자들을 누군가는 투기의 범주 안에 넣기도 한다. 투자와 투기의 차이는 도대체 무엇이란 말인가. 투기를 막기 위한 정부의 각종 규제에도 진짜 금수저들은 눈 깜짝도 하지 않는다. 오히려 피해는 나처럼 노력하는 사람들에게 돌아간다. 기회조차 주지 않는 사회가 가끔은 원망스럽기도 하다. 하지만 어쩌겠나. 내가 살고 있는 곳은 여기인 것을.

묵묵히 주어진 환경 안에서 내가 할 수 있는 최선을 다하는 것이 내가 할 일이다. 그래야 나중에 아이에게 엄마로서 해줄 수 있을 만큼은 다해줬다고, 그렇게 나 스스로 위안 삼을 수 있을 것만 같다.

돈 버는 것만큼 어려운 일이 또 있다. 여자로서, 일하는 엄마로서 이 사회를 살아가는 일이다. 우리 아이가 성인이 되면 세상을 살아가는 것이 좀 더 편해지기를, 엄마가 되더라도 마음껏 자신의 꿈을 펼칠 수 있기를 바라며 이 책의 원고를 집필하기 시작했다.

사회가 바뀌는 데는 시간이 많이 필요할 것이다. 하지만 그 언젠가 내 아이가 성인이 됐을 때, 내 아이는 나처럼 어느 누구의 눈치를 보지 않고도 자신이 좋아하는 일을 언제까지나 할 수 있었으면 한다. 때문에 내 노력이 콧바람에 그칠지라도 세상을 바꿀 수 있는 바람이 되도록 힘을 보탤 것이다.

내가 일에 욕심을 부릴 수 없는 환경과 사회에 화가 날 때마다 하고 싶은 것 할 수 있게 도와주겠다고 말해주는 남편에게 늘 감사하다. 아마 내 마음을 이해해주는 남편이 아니었다면 더 힘들었을지도 모르겠다. 그리고 지금껏 잘 키워주셨지만 지금도 시집간 딸 옆에서 뒷바라지하며 손녀를 돌봐주시는 부모님께도 항상 감사하고 죄송하다. 멀리 계시지만 '누구 엄마'가 아닌 '김 기자'라고 불러주시며 늘 격려해주시는 시부모님께도 감사드린다.

마지막으로 워킹맘으로서 원하는 일을 마음껏 할 수 있게 뒷받침해주는 〈비즈니스워치〉와 늘 응원해주는 주변 분들께도 이 기회를 빌어 고맙다는 인사를 하고 싶다.

글을 쓰면서 많이 울고 많이 웃었다. 나와 같은 많은 워킹맘들이 이 글을 보며 함께 공감해주셨으면 좋겠고, 재테크에 관심을 가지게 되는 계기가 되었으면 좋겠다. 마지막으로 이 글을 읽고 있는 대한민국 워킹맘들에게 꼭 이 말을 들려주고 싶다.


"당신은 소중한 사람입니다."